Unlocking Opportunities for Growth

How to Profit from Uncertainty
While Limiting Your Risk

解锁增长机遇

做好风险控制，从不确定性中获利

亚历山大·范普滕〔Alexander B. van Putten〕
伊恩·麦克米兰〔Ian C. MacMillan〕　著

高蕾 译

中国人民大学出版社
·北京·

致露辛达，有你同行，这一切才变得可能。

——亚历山大·范普滕

致琼，你居然还没有对我感到忍无可忍——此为吾之大幸。

——伊恩·麦克米兰

作者简介

亚历山大·范普滕（Alexander B. van Putten）自 1993 年起担任宾夕法尼亚大学沃顿商学院的客座教授，不仅为研究生授课，而且还积极参与了沃顿的高级管理培训项目，主讲创新、创业和战略增长方面的课程。他是美国 Cameron & Associates 公司的合伙人，这家公司为很多大牌客户提供发展战略和商业企划方面的咨询服务，其中包括美国空气化工产品有限公司（Air Products & Chemicals）、英荷壳牌全球研究公司（Shell Global Research）、希捷科技公司（Seagate Technology）、诺韦尔软件公司（Novell）、威斯特康集团（Westcon）等。到沃顿任教之前，他曾是几家公司的普通合伙人，这几家公司从事的是权益证券和固定收益债券的套利交易及商业抵押贷款的证券化业务。他还曾担任克莱斯勒不动产资本公司（Chrysler Capital Realty）的高级副总裁，负责投资事宜。在职业生涯的早期阶段，他曾先后在美国信孚银行（Bankers Trust）与安可保险公司（Safeco）的投资部门供职。范普滕是波士顿大学的经济学学士，沃顿商学院的 MBA，并正在攻读爱丁堡商学院的工商管理博士。他在《哈佛商业评论》（*Harvard Business Review*）和《科技管理研究》（*Research-Technology Management*）上发表过多篇文章。

伊恩·麦克米兰（Ian C. MacMillan）是宾夕法尼亚大学沃顿商学院斯奈德创业研究中心（Sol C. Snider）的学术总监，同时是印度 Dhirubhai Ambani 信息及通信科技学院管理系的教授，主讲创新与创业学。曾任纽约大学创业中心主任，并曾任教于哥伦比亚大学和西北大学，以及南非大学。1999 年，他荣获瑞典基金（the Swedish Foundation）颁发的小型企业研究奖，奖励他为创业领域的研究所作出的贡献。在进入学术界之前，他是一名化学工程师，曾在金矿、铀矿、化工厂、炸药厂、炼油厂、肥皂制造厂、食品生产厂以及南非原子能委员会（the South African Atomic Energy Board）工作过。他曾在数家公司当过经理，涉及旅游、进出口和制药业。他还拥有丰富的咨询工作经验，合作过的客户包括杜邦、通用电气、GTE 电信公司、IBM、花旗银行、大都会人寿（Metropolitan Life）、丘博保险（Chubb & Son）、美国再保险公司（American Re-Insurance）、得州仪器公司（Texas Instruments）、毕马威国际会计公司（KPMG）、惠普、英特尔、福陆·丹尼尔工程公司（Fluor Daniel）、松下电器、奥林巴斯和 LG 集团，等等。麦克米兰发表过多篇文章，登载刊物包括《哈佛商业评论》、《斯隆管理评论》（*Sloan Management Review*）、《企业创业》（*Journal of Business Venturing*）、《管理科学季刊》（*Administrative Science Quarterly*）、《美国管理学会学报》（*Academy of Management Journal*）、《管理学会评论》（*Academy of Management Review*）、《管理学高管》（*Academy of Management Executive*），以及《管理科学和战略管理》（*Management Science and Strategic Management Journal*），等等。他的最新著作是《探索式战略》（*Discovery-Driven Strategy*），由哈佛商学院出版社出版，可以看做本书的姊妹篇。

前　言

　　本书篇幅不长，这是我们追求言简意赅的成果；因为想必各位读者都很繁忙，能留给阅读的时间并不充裕。我们很清楚，你无暇理会长篇大论的说教，你注重的是成效，你希望看到的是"顶线增长"。

　　本书行文简练，但我们希望可以成功地向你传达我们的观点：只要你有能力进行产品策划及营销，你就有能力掌控商业投资的金融回报。运用机遇开发理论，你就不再是只能被动地接受投资结果。可投资的领域包括研发和合并投资、新市场和新产品投资，以及战略计划投资等，这些都是握在你手里的牌，但你并不知道打出去之后的效果如何。机遇开发理论则能帮助你按照有利于自己的方式码牌，抑制不利因素，开创良性局面。

　　机遇开发理论简单实用又不失严谨，是一种有效的管理工具。基于这个特点，本书的目标读者是总经理和财务经理。通过阅读本书，总经理们能够找到规划和管理投资的新途径，在降低风险的基础上实现利润最大化。而且公司机构的灵活性还能得以提高，真正是在创新之中谋求发展。机遇开发理论的提出，所触及的不只是阿拉伯数字，更是在体现一种思维方式、一种文化。财务经理们能够找到一种新的视角来审视拿捏不准的投资项目，因为机遇开发理论会传授给你最新的评估技巧，这些技巧能让管理活动变得更为有效。

　　欢迎大家就本书的内容发表看法，欢迎多提问题和建议。我们的电子邮箱是：alexvp@wharton. upenn. edu。

致　谢

　　我们在撰写本书的过程中得到了很多人的帮助。机遇开发理论（Opportunity Engineering, OE）的实用性通过开发价值求解软件（EVS）得到了很好的体现，此软件是 Adrian Becker 开发出来的，这个年轻人不辞辛苦、孜孜不倦，他懂金融同时也懂软件开发，在我们看来难能可贵。经过他数月的辛勤劳动，EVS 软件对各类机遇的价值评估实现了快捷化和直观化。Alan Abrahams 当时正在沃顿商学院做访问教授，现在任教于弗吉尼亚理工（Virginia Tech），是他发现了 Adrcan 的才华并予以悉心指导。如果没有业界人士的关注和支持，我们也无法将机遇开发法发展成颇有用处的工具。特别要感谢美国空气化工产品有限公司（Air Products and Chemicals, Inc.）的 CFO Paul Huck，以及时任市场拓展部门总监的 Ron Pierantozzi，在我们构思相关概念的过程中他们的帮助起到了重要作用。壳牌全球解决方案公司（Shell Global Solutions）的 Paul Snaith 和他的团队也给了我们很大的帮助，指出了开发价值求解软件需要改进的地方，使得这个软件更加便于使用。

　　当然还要感谢我们的编辑 Lynn Selhat，她花了大量时间将我们的手稿整理成大家手中的这本书。书中有很多图解都出自旧金山的劳里·威格姆插图设计公司（Laurie Wigham），他们很擅长为商业概念提升清晰度和吸引力。还要感谢沃顿商学院出版社的 Jerry Wind，他的鼓励促进了本书的撰写，我们的研究因此能够被更多的人所了解。同样也要感谢培生教育出版集团（Pearson Education）的执行编辑 Jim Boyd，在我们因故有所拖延的时候，他的理解与包容是对我们最大的支持。

目　录

第一章 打破创新式增长
的枷锁："要么
全面执行，要么
不执行"的投资思维

Unlocking
>>> Opportunities
for Growth

　　本书旨在阐述，如何运用本书所提出的机遇开发理论，从不确定性
环境中有可能获得相当可观的利润增长，同时可以使商业风险保持在最
低水平。

　　商业媒体每天都在大谈社会的高速变化、科技革新的急流以及竞争
全球化的巨大压力；作家和节目主持人则不厌其烦地论述着随之而来的
不确定性的陡增，而所提到的不确定性通常都被当作威胁来看待。这样
的先入为主不禁令人大为诧异，因为你可以想想看，不确定性环境可能
隐藏着多少机遇，会使得投资活动获取丰厚回报！不确定性环境固然包
含难以预料的因素，但也蕴涵巨大的良性潜能。

　　努力发掘隐藏于不确定性之中的潜能，实际上会带来很多非比寻常
的大好机遇。那为什么企业和经理们通常都把不确定性当作消极因素来
看待呢？让我们悉心探究，为何经理们并不力求在不确定性较高的投资
项目中成就一番业绩？结论是：这绝不是他们的错！我们发现，在不确
定性环境中投资，经理们还缺乏对路的分析工具。他们受缚于"要么全

面执行，要么不执行"＊（Go/No Go）的思维，而且仍旧在使用那些为相对稳定的环境而创造的投资分析工具。现金流折现法（DCF）和净现值法（NPV）是较为常见的分析工具，运用它们，经理们要么能给出漂亮的数据，要么就被视为一个失败者。这样的有色眼镜的存在，使得经理们深陷于"要么全面执行，要么不执行"的决策思维中，要么全力以赴，要么望而却步；一旦遭遇不确定性，就立刻裹足不前。其实，当包含不确定性的机遇来临时，经理们完全可以设法控制其风险程度，趋利避害，并争取大获全胜。

诸如净现值法等传统方法都存在弊端。如果高管层对某个创意或产品进行评估之后亮了绿灯，相应的开发团队作出了项目规划，就意味着该项目已经被寄予厚望；它就应该从创意变成实实在在的资产，它就应该带来利润，否则就会被看做失败。图1—1所体现的就是典型的"要么全面执行，要么不执行"的思维。这样的思维方式貌似合乎逻辑，但却会产生副作用，即创新性尝试的夭折。日积月累，它还可能带来更大的损失。因为，如果一个创意必须被转化成资产之类的东西，经理们会很自然地偏好低风险创意，这类创意很可能与企业现有的经营实践较为相近，因此胜算较大。这种保守主义的做法对经理个人而言或许是明智之举，但若成为办事惯例，势必会使企业一味笃信过去所积累的经验，对未来缺乏关注；而蕴涵高增长的机遇恰恰栖身于未来。这样的风险规避模式其实是在扼杀实验精神和创新精神，而这两者在所有杰出企业的成长史上都占据着核心位置，它们是企业在创业风头正劲时期的主角。在与经理们进行会谈的过程中我们的确察觉到，很多经理都会因为怕出错、怕挨骂而自行过滤掉潜力大同时不确定性也高的创意。由于存在这样的顾虑，经理们会更倾向于只是在现有产品的基础上做些小修小改。说到这里，问题出现了：要破解这样一种致命的循环，我们能做些什么？

＊ 英文原文为"Go/No Go"。Go/No Go是指决策过程中仅有两个可选项的测试。例如在一次测验中可能的结果是"通过"与"未通过"，在一个决策中是"执行"或"不执行"。在工业中，去/不去测试是成品质量控制检验中所要执行的，未通过测试的产品将作为次品加以标记。本书取的是对投资决策的"执行/不执行"之意，这是非1即0的"二进制思维"。译者使用了比较贴合本书语境的说法，"要么全面执行，要么不执行"。——译者注

图 1—1　全面执行/不执行

事在人为。在过去的四年当中，本书的两位作者一直致力于为经理们寻求得心应手的决策工具，以期不受"要么全面执行，要么不执行"思维的左右。我们称之为机遇开发理论，你可以运用它对不确定性较高的机遇进行评估，在其中挑选出能抑制其不利因素并能开发其高增长潜力的机遇。在机遇开发理论的帮助下，你选择要加以实践的创意和想法往往可以通过努力做到趋利避害，在将商业风险保持在最低水平的情况下，获取利润增长。

使不确定性为我所用 ▶▶▶

机遇开发理论的核心理念是，对不确定性加以利用，抑制其消极因素。大多数不确定性较高的项目都有一个潜在利润的概率分布，如图1—2所示。

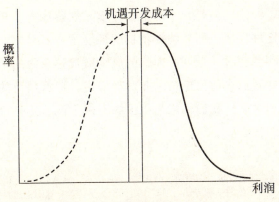

图 1—2　潜在利润概率分布图

　　只有当你成功利用机遇开发理论来指导完成一个项目，你才能够真正通过开发该机遇来规避风险，这样一来分布图的左半部分（虚线部分）就得以移除，仅留下右半部分（实线部分），我们称之为非对称回报。真正能够获利的概率就隐藏在机遇空间的实线部分中。斩获这部分机遇空间的代价是机遇开发成本，用这个成本就能"购买"到该项目的良性潜力。如果你无法营造出非对称回报的局面，无法完成风险规避，那这个项目就不是一个适合开发的机遇，而是一场危险的豪赌了。

　　这个观点的重要性在于，项目的不确定性越大，越有利可图！不确定性能够扩展图 1—2 中曲线的分布区域，因为可能获利的领域扩大了。更多的利润将会分布在曲线的右侧，这意味着有更多的机会去赚取更多的利润，同时在机遇开发成本之外不会产生损失。这个概率分布图曾引发我们和高管之间的多次讨论。这是一种全新的思维方式。控制住负面因素，这种思维便能令项目增益良多。

　　金融市场的股票期权背后也是同样的道理。围绕着一只股票的不确定性越大，其期权价值也就越高，因为风险是有限值的，即期权价格。[1] 因此，不确定性越大，越有可能挖掘出更多的潜在利润；与此同时，相应的风险敞口是受控的，限值就是期权成本。试想一下，如果价格相同，你是愿意购买谷歌的期权（代表高不确定性）还是购买宝洁的期权（代表低不确定性）？毫无疑问，当然是谷歌！

　　由于人们对不确定性持有偏见，传统的财务评估法和管理者的直觉之间出现了鸿沟。但是，不确定性环境必然蕴涵着积极因素，否则就不是不确定性环境，而是纯粹糟糕的环境了，不是吗？因此只要在进行风险报酬预测时，预期所面临的风险敞口是有限的，并且可以带来高收益，即我们先前讨论过的非对称回报，那么项目的不确定性越大，就越有利可图！我们称之为积极的不确定性。这是机遇开发理论的革新效力的核心。

---

　　[1] 机遇开发理论借鉴了实物期权分析法（Real Options Analysis，ROA）。ROA 是给高不确定性投资进行估价的一种方法，但其作用远不止估价，它意图重建投资结构，提高投资价值，控制潜在风险。

机遇开发理论为勇于追求高回报投资和创新性投资的人提供了避风港，因为这个理论能够改变投资的发展进程。

不同于"要么全面执行，要么不执行"的思维，一个项目也可能被分成若干个阶段。如果该项目的初期表现就不尽如人意，那么可以果断选择放弃；正在执行的项目可以改为针对另一个产品或者开发新市场，风险投资或其知识产权可以改为出售，项目可以改为加速或减速发展甚至被推迟执行，项目也可能带来与另外一家公司的合资或并购。显而易见，机遇开发理论打开了多种可能性；而在"要么全面执行，要么不执行"的思维方式中，这些可能性通常都不会被考虑到。

把"要么全面执行，要么不执行"奉为决策模式，不免太过于简化，局限性很大。但同时也不难理解，为什么企业会坚持沿用这种思维方式。首先，金融和会计课程就是这么教导我们的；其次，这种理论驾驭起来相对容易。但是，要驾驭不确定性恐怕完全是另外一回事。这其中的难题在于，如何为项目设立初期指标，从而又快又省地把不确定性转化为确定的信息，这样你就可以为该项目重新定位，或者在损失最小的时候放弃该项目。换句话说，败也要败得干脆、败得不惨重，保存实力去抓住真正具有潜力的机遇，这就是机遇开发理论的钥匙，也是本书的钥匙。

控制不确定性 ▶▶▶

机遇开发理论既是一种实用的方法，也是一种思维方式。它给出了对机遇进行评估的途径——我们开发出了专门软件，你只要输入相关项目参数，就能测定其发展潜力。并且，机遇开发理论有助于打造倡导创新的文化氛围，使得决策者们在遇到高风险的大好机遇时敢于放手一搏。

在下一章中，我们将具体讲述如何开始实践机遇开发法。在这里我们首先要加以说明，关于净现值法和现金流折现法，在怎样的情况下适合运用，在怎样的情况下不适合运用。

净现值法和现金流折现法：

何时该用何时不该用 ▶▶▶ ──────────────────

如前所述，正在被过度使用的现金流折现法和随之泛滥的净现值法，不适用于不确定性较高的投资分析，无论是针对新产品、新市场的开发，还是大手笔的战略举措的实施。我们认为，这些工具对创新精神起着扼杀作用，很多企业都深受其害。这种提法相当有冲击力，起初很多金融经理对此不以为然，因为净现值法是被广泛应用的工具。我们为什么要一石激起千层浪呢？可以这么作答：因为搏击浪头的过程，正是抓住机遇的时刻。如果你是第一个迎浪而上的人，那就更是如此。

这并不是说应该摒弃净现值法，我们绝无此意。具有创新性的项目中所包含的不确定性最终会被控制在一定水平，这时净现值法就完全适用了。

何时该用净现值法：让我们先看一看什么时候现金流折现法有用。现金流这一概念是当时为了评估企业债券价值而创造的，对此它表现得很出色，因为几乎所有的因素都具备较高的确定性。拿到一张企业债券，我们只须看一眼契约条款，就能知道这张债券所能产生的现金流的时间期限。如果是张 20 年期的企业债券，我们就有 240 个月的现金流入期。每期的现金流入额也都是确定的，契约条款里写明了债券利息。唯一不确定的因素是折现率，我们需要用它来将现金流进行折现。多数情况下，咨询一些提供债券风险评级服务的评级机构［例如，标准普尔（Standard & Poor's）］，就能很容易地确定出折现率（例如，AA 级）。拿到债券评级之后，我们可能会在报纸上看到 AA 级债券与国库券之间的利息差幅为 1.5％，那么我们再把这 1.5％考虑进去，就能得出该债券适用的折现率，这一点儿也不难。

在当时，这样的逻辑非常合理，而且它很快被用来评估其他风险程度更高的投资。例如，在 20 世纪 50 年代，假设固特异轮胎公司（Good-year）考虑要建立一个工厂，其价值评估方式与债券评估方式如出一辙。

根据生产能力就能提前确定该工厂在运作年限内的轮胎产量，而每个轮胎的利润率也大致可以匡算出来，因为那时的商业环境比较稳定。有了这些信息，基本上就可以模拟运算出该工厂所能产生的现金流，即轮胎年产量×工厂的运作年限×单个轮胎的预期利润额。把风险因素考虑在内来确定折现率，只要获知固特异公司的风险级别，以及与该级别所对应的国库券与其之间的利率差幅，就能得出适用的折现率。知道了现金流和折现率，就可以计算出该工厂的现值。如果这个现值大于工厂成本，也就是说该公司能提供正的净现值，那么结论就是应该建立这个工厂。在不确定性较低的环境里，这完全说得通，而且没有任何不当之处。

何时不该用净现值法：当现金流折现法遭遇较高的不确定性时，就变得不堪一击了，从而导致净现值法作为一种评估方法，也失去了原有的逻辑基础。随着不确定性的增加，我们越来越无法预测出未来的现金流量和时限。而且，较高的不确定性使得我们几乎找不出合适的折现率。更糟的是，在现金流折现法下所使用的折现率，应该是随着不确定性的增加而增加的，以此来反映出投资风险。这样一来，不确定性高的投资就会受高折现率之累，折现价值大大缩水。到头来，就因为受到了"错误的否定"（投资净现值乍一算是负数），很多颇具吸引力的投资机遇都白白流失了。

此外，净现值法下的计算公式只是站在未来的角度看问题。在经营实践当中，经理们会将预估的现金流分为三档，即"高现金流"、"可能性最大的现金流"和"低现金流"，它们被分别带入公式，测算相应的净现值。这比只有一种预期要稳妥，但是，它以假定"行动方针不变"为默认前提。项目从开始到完成，可能产生三种截然不同的结果（高现金流、可能性最大的现金流和低现金流），但并不会中途改变行进方向。如果在投资过程中改变投资方针，净现值法并不能有效地说明由此产生的估价结果。这样就无法捕获现实存在的弹性当中所可能包含的价值，所谓的现实存在的弹性包括改变投资方针、放弃投资、加速或减速投资，等等。运用机遇开发理论，驾驭好商业实践当中的有利因素，这是我们给出的解决方案的起点。

在下一章中，你将了解到机遇开发理论的基本原则。在此之前我们想强调一下，机遇开发理论并不是什么狂想式的新潮理论，它借鉴了许多学者多年来潜心研究的成果，他们所使用的工具包括决策树算法、决策与风险分析法、实物期权分析法和情景分析法，等等。机遇开发理论的贡献在于，它在这些方法的基础上，通过以下两种途径，进行了理论开拓：

1. 机遇开发理论不会被动"接受"某个商业课题的参数而直奔机遇评估。它引导你使用机遇开发法的工具，主动去降低风险，在此过程中该机遇的价值会得到提升。这是对情景分析法的一大拓展，非常有价值。

2. 决策与风险分析法和实物期权分析法都包含复杂的运算过程。运用我们推荐的方法进行机遇评估，可以大大降低计算的复杂性。

随着本书内容的展开，你将清楚地感受到，在几乎所有的投资结果受不确定性困扰的商业领域里，机遇开发理论都具有应用价值。特别是在选择和管理研发项目、并购项目、合资项目和商业联盟项目的过程中，机遇开发理论尤为实用。在其他很多领域中，机遇开发理论也能一展身手，将战略规划和情景规划融入其中，来指导新市场的开发、重大合同谈判的设计和监控，等等。关于机遇开发理论如何对这些投资产生影响，将在第六章"在企业内部全面应用机遇开发理论"中详细阐述。

Unlocking
>>> Opportunities
for Growth

第二章　机遇开发过程

　　何谓机遇开发理论？我们在沃顿商学院讲授管理课程时，运用了一个简化案例对此加以说明。这个案例是基于现实情况设计出来的，是将现实案例大大简化了的版本。如果我们想让论述看起来相当复杂，那很容易，但不免晦涩难懂。相比之下，我们欣然选择了简洁明了的风格。

案例分析一：进入外国市场 >>>

　　某个勇于创新的团队研发了一种新的水泥添加剂，他们想以此打入中国市场。

　　这个团队拥有5%的机会，使得该产品在新市场中的采用率迅速提升。在这种情况下，仿制品还没来得及大量出现并挤走利润，因而该团队预计这项产品所能产生的净现值为1 400美元。与此相反，如果产品采用率的提升程度有限，那么仿制品涌现和产品采用率不高并存的状况会使得净现值实际上为零。

　　组建一个新的添加剂工厂是数周之内即可完成的事情，组建工厂的成本是 200 美元。我们到底该不该努力开拓中国市场呢？

问题在于应该如何看待这个机遇。传统的净现值法思维所衍生出的广为流行的观点，体现在下面的公式 1 当中。

公式 1

$$净现值 = 预计净利润折现现金流 - 折现现金流的总成本$$
$$= (0.05 \times 1\ 400) - 200 = -130 (美元)$$

在非常推崇净现值法的公司里，这个机遇自然会立刻遭到否决。但是凭借直觉，管理层显然认为这对公司而言是个大好机遇。如何协调净现值的计算结果和久经沙场的经理们的直觉之间的反差呢？我们不妨开始运用机遇开发法，使部分风险与报酬相分离。

我们假设该公司决定做一个快速的市场测试（很多公司可能都是这样运作的）。公司将一批产品运送到中国的某个小城市进行营销，以测试产品采用率，这么做的成本为 40 美元。也就是说，要探知进入该市场的潜能，不必担足 200 美元的风险。可以通过机遇开发法，有计划地规避部分风险。

机遇开发思维指明了一种新的投资开发方式。具体到本案例，就是"花少量的钱，获知大量的市场信息"。机遇开发思维建议大家，把投资决策划分为不同的阶段，而不是草率地将整个投资项目置于"要么全面执行，要么不执行"的决策思维的束缚之下。在本案例中，首先是对该产品进行市场测试与评估，花费 40 美元；然后再行决定是否要把 200 美元投资于工厂建设。这么做的效果是估算价值有了显著变化，变成了我们所讲的开发价值（Engineered Value®，EV），如公式 2 所示。

公式 2

$$开发价值 = -40 + 0.05 \times (-200 + 1\ 400) = -40 + 60 = 20(美元)$$

如此一来，首先需要投入 40 美元来开拓新市场。如果公司决定叫停该项目，那么这 40 美元就成了投资损失。但是我们不会盲目地投入 200 美元，除非对新市场有足够的信心，认为该添加剂的采用率会迅速提升，从而使公司能够在仿制品挤走利润之前取得大幅盈利。该团队确实认为这样的情况只有 5% 的可能性，但这同时也意味着我们有 5% 的机会可以去进行 200 美元的投资，不是吗？这样一来，回报值发生了明显变化，因为我们有了 5％的投资 200 美元的机会，即我们有了 5％的赚取 1 400 美元的机会。如公式 2 所示，最终的报酬变成了 20 美元，这比之前计算出的亏损 130 美元的结果要好得多。事实上，我们是在用 40 美元的代价来开发建设工厂的期权。就像金融期权一样，"开发期权"赋予了我们继续投资的权利而非强加了义务。只有在市场测试结果有利的情况下，我们才会继续投资。

在此基础上，我们将引入机遇价值（Opportunity Value，OV），只有当市场测试情况良好时才能获得这个价值。同时，我们对净现值加以调整，以反映组建工厂时所存在的 5％的获得盈利的可能性。我们把经过调整的净现值称为经过开发的净现值（Net Present Value engineered，NPVe）。现在，开发价值可以这么列示：

开发价值＝经过开发的净现值＋机遇价值

能不能继续开发这个机遇，从而有计划地规避更多的风险？就是说，如何在不减少收益的情况下降低投资风险？在本案例中，开拓新市场的一大风险是仿制品的迅速出现，这一点已经在"成功几率仅有 5％"中得到了反映。假设开发团队来汇报说，即使该产品被迅速仿造，也已经找到了某个跨国公司的中国子公司，该子公司有意对该产品进行注册。尊重我们的知识产权将会是该子公司的义务，它不能搞仿造。开发团队坦言并没有十足的把握，但那个子公司注册该产品的可能性是 50％，这样就可以获取 60 美元的注册许可费，即 60 美元的净现值。开发团队灵活地降低了产品被迅速仿造的风险程度。这其实是在创造清算价值（Abandonment Value，AV）。当公司决定要放弃这个投资项目时，获取清算价值就等于是在收回部分投资成本。

现在我们可以把开发价值的界定进行扩展，使其包含清算价值，得到的方程式如下：

开发价值＝经过开发的净现值＋机遇价值＋清算价值

机遇开发过程怎样才能改变产品的发展动态，请参见图 2—1。

如公式 3 所示，进入新市场所能带来的开发价值有了很大增加。

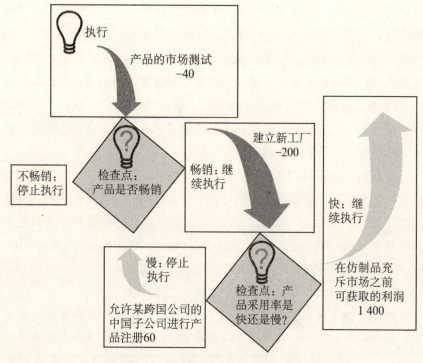

图 2—1 机遇开发过程（单位：美元）

公式 3

$$开发价值 = -40 + 0.05 \times (-200 + 1\,400) + 0.95 \times (0.5 \times 60)$$

$$= -40 + 60 + 28.5$$

$$= 48.5（美元）$$

这样，目标市场的吸引力就明显增加了。让我们来看看这个变化是如何产生的。作为初始投资的 40 美元无论如何都是投资风险，这跟之前没什么两样；同时，大获全胜的机会还是只有 5%，即投资 200 美元来兴建工厂并能获取 1 400 美元的净现值。现在再来考虑一下算式里的第三项，即产品被迅速仿造的情况下可能拿到的注册许可费：假设该产品不会遭到迅速仿造的可能性为 5%，即 0.05 × (-200 + 1 400)，那么被迅速仿造的可能性就是 95%。然而，跨国公司的中国子公司对该产品进行注册的可能性为 50%，写入公式中即 0.95 × (0.5 × 60) = 28.5，这同时反映出产品被迅速仿造的 95% 的可能性和跨国公司进行产品注册的 50% 的可能性。这就是机遇开发思维——探寻创造性的办法，不遗余力地降低风险。

继续来看我们的案例。开发团队受到了鼓励，决定进一步应用机遇开发法。他们与有意注册该产品的跨国公司的中国子公司进行商谈，并作出以下提议：如果我方预付 15 美元的签约费，那么对方保证，若我方决定不再进行产品生产，他们会为注册该产品支付 60 美元。这是一条出路。跨国公司的中国子公司保证会进行产品注册，但我们并不是非得把注册权给他们。在金融市场上，这被称为看跌期权，在此我们借用这一术语，称之为开发的看跌期权（Engineered Put，EP）。它对投资项目的价值有怎样的影响，是我们下面要讲述的内容（参见公式 4）。

公式 4

$$开发价值 = (-40-15) + 0.05 \times (-200+1\,400) + 0.95 \times 60$$
$$= -55 + 60 + 57$$
$$= 62（美元）$$

把开发的看跌因素考虑进来之后，开发价值有了明显增加，达到了 62 美元；变化较大的是算式的第三项，它被改写成了 0.95×60。因为公司已经决定向跨国公司的中国子公司支付 15 美元，所以消除了该子公司不进行产品注册的 50% 的可能性。现在的第三项，即 0.95×60，是目标市场大获全胜（可能性为 5%）的相反情况的结果。

从这个例子中，你可以看出机遇开发理论的基本原理，以及它被认同和采纳之后所具有的创造价值增长的非凡能力。机遇开发理论不仅是金融工具和管理工具，它还是一种思维方式，能够引导决策者避免陷入"要么全面执行，要么不执行"的投资思维，避免承受由此带来的资源浪费和多种沉没成本。就像美国产品开发管理协会（the Product Development and Management Association）所报道的那样，许多企业有 50% 的开发资本都砸在了失败的产品开发项目上，而真正具有创新精神的企业，这个比例只有 20% 左右。[1]

机遇开发理论可以激励企业内部各个级别的经理们积极思考，怎样

〔1〕 Yasmin Gharehmani，"What's the Big Idea?" *CFO*，July 2006.

才能减弱不利因素，增强有利因素。上述极为简化的案例可以证明，由此产生的成本很可能是物有所值的。下面来看一个稍为复杂的案例。

案例分析二：全新的生产流程 ▶▶▶▶

本案例将要讲述的是，某大型公司如何运用机遇开发法，对一个原本注定要被否决的项目成功进行了机遇开发。这家公司经过多年的研发，找到了能够把炼油厂颇为棘手的副产品转化为清洁能源的新方法，前景很可观。需要处理的是有毒物质，它们一般会被堆放到炼油厂周边，而且不能在同一个地点无限期地放置，那样会对地下水及流经当地的地表水造成污染。

开发团队在启动这个新技术项目的时候，是基于这样的设想：能够充分利用该废料的企业，就能够获得商业成功；部分原因就在于生产出来的产品是零成本甚至是负成本。开发团队的实验室开发了这项技术，变废物为清洁能源并能用来发电，同时获得了知识产权。他们确信，这项技术将逐步在商业实践中广受采用。为了获得这项知识产权的专利、创造有形资产价值，公司已经投入了 300 万美元资金，用于技术研发。

但是高管层对这个项目心存顾虑，不愿批准下拨 300 万美元用来建立试验工厂。建立试验工厂是要通过量化的方式来印证新技术的商业可行性，开发团队对该试验工厂建成后的运转状况满怀信心。高管层主要担心的不是试验工厂的成本，而是从美国环境保护局（EPA）获取许可证的成本。利用新技术把石油废料转化成清洁能源并用来发电，真正要建立这样的新型电厂，必须首先经过美国环境保护局的批准。据许多知情人士估算，要获得这项批准约需资金 6 000 万美元，并且要经过 3~4 年的不懈努力。更令人望而生畏的是，在最近数年当中能成功通过这个审批流程的新型电厂，一个都没有。而且，该审批流程具有高度的灵活性，无法照猫画虎、按图索骥。考虑到以上因素就可以看出，这个项目获得环保局批准的胜算有几何，这很难说。

在这样的背景下，高管层更倾向于叫停对这项技术的投资，并对

300万美元的前期研发费用作核销处理。与这个决策相对应的是，项目开发团队对这项技术的未来极具信心，因为它可以把多种有毒的石油废料转换成清洁能源，应该建立试验工厂来证明这项技术的商业生存能力。试验工厂若能取得成功，那时就可以找到投资伙伴参与项目，分担建立电厂的审批成本，即通过共担风险以换取权益份额。实际上，开发团队已经找到了一家对这个投资项目很感兴趣的投资银行，但它只有在看到试验工厂成功运行、可行性得到证明之后才会进行投资。

怎样打破这个僵局呢？这时就可以运用机遇开发理论来证明，试验工厂若能成功地展现出它在技术上的生存能力，它的价值将不容小觑。一旦试验工厂获得成功，那么无论以哪种方式向审批流程投资，都能够获得清算价值。例如，当公司决定不对电厂作进一步投资，仍可以考虑还能怎么处理该项技术。如果公司不打算出资支持新型电厂的审批流程，那么当试验工厂建成后，完全可以将其知识产权以一定的价格卖给另一家公司。这个选择并非毫无道理。以前，企业要获得清算价值，是通过把与不再做下去的项目相关的知识产权捐赠给某所大学，作为其后续研究的基础。知识产权捐赠可以作为税收抵扣项目的基数，从而通过税负的减轻来创造价值。在本案例中，这个办法并不可行，因此我们需要鞭策项目开发团队去寻找这项技术的潜在用户，以使得获得批准和建立电厂的艰巨程度大大降低。所谓的潜在用户，要有大量的这种需要进行处理的废料，拥有可观的电力市场，并且其审批程序的成本不能太高。开发团队很快就发现，加拿大阿尔伯塔省有很多以焦油砂为原料的石油公司，这项技术对于它们来说非常有价值。石油加工过程中所产生的大量副产品基本都是该项目所研究的废料。开发团队还发现，墨西哥的一些炼油厂也产生大量的这种废料，而且它们那里的审批程序要宽松得多。在确定这些可信而不菲的清算价值之后，这个项目顺利地寻找到了融资方。

注意：涉及清算价值，其潜在的价值来源情况都应该形成文件加以保存，尽量避免含糊其辞。这是为了防范项目开发团队的期望和梦想可能会虚增清算价值。

在本案例中，开发团队可以从几个不同的来源获得书面文件，证明在试验工厂获得成功的情况下该技术对其他公司而言的价值所在。掌握了这些信息，可以估计出清算价值约为 500 万美元。这样，开发价值就是正数了。开发价值的计算方法将在第七章"使用开发价值求解软件进行项目评估"中加以详述。在本案例中，摆出数据的重要性在于这能够使高管层看到多种可行的备选方案。以下将详细说明高管层可以作出的决策：

1. 叫停该项目，核销已经投入的 300 万美元资金。（请注意：评估价值并不包括该笔核销金额，因为不能让未来的决策去承担过去的投资所产生的损失。）

2. 建立试验工厂，追加投入 300 万美元以验证该项技术在大规模应用中的可行性。

3. 如果试验工厂的运行符合预期，公司就赢得了更多的可开发型机遇：

a. 不向审批程序投资，而是把知识产权卖给已经明确的买家，由此创造出 500 万美元的清算价值。

b. 向审批程序投资 6 000 万美元，如果获得批准，则自行建设电厂。

c. 向审批程序投资 6 000 万美元，如果未能获得批准，就把知识产权卖给已经明确的买家，由此创造出 500 万美元的清算价值。

d. 以电厂的权益份额作为交换，寻求合作伙伴共同分担审批程序的成本。公司由此可以得到开发的看涨期权。

e. 试验工厂也可能无法实现设计意图，这个可能性不大，但毕竟存在。如果是这种情况，那么公司就要额外损失 300 万美元。

请注意，如果不建造试验工厂，那么无论是获得清算价值或者找到权益合伙人的备选项，都只是空中楼阁。

这样，管理层决策就简化为二选一了，要么即刻叫停项目，进行前期费用核销，损失 300 万美元；要么损失 100 万美元，即建造试验工厂但运营不成功，于是把该技术转售给其他公司。另外一种有利于作出肯定型决策的可能是，在试验工厂建成之后，会有其他公司以权益合伙为条件，向审批流程注入资金。在这些选择中，管理层最终决定建造试验工厂。

开发价值的另一个来源：用包含有不确定性的

资产作交易，获取现金或股权 >>>>·············

当经理们能用包含有不确定性的资产换取另一家公司的现金或股权，这也是在创造开发价值。以葛兰素史克公司（GlaxoSmithKline）为例：该公司研发出了一种实验性抗生素，它在治疗抗药性葡萄球菌感染方面很被看好；但公司当时需要的是用以支持利润增长的、能够脱颖而出的药品。葛兰素史克并没有把这项知识产权搁置到它"雪藏"的配方库中去，而是用该项专利、技术及其市场开发权换得了Affinium（一家私营生物技术公司）的股权。[1] 在这个案例中，葛兰素史克通过项目开发取得了趋利避害的显著效果。

IBM在获取清算价值方面也显得非常活跃，其出售非必要知识产权的计划现在每年能为它带来逾10亿美元的收入，而其他公司则白白坐拥大量未实现的潜在清算价值。

管理上所面临的问题是如何将机遇开发理念注入公司文化当中，并且不失控。对此请参见本书第五章"创建能够开发增长点的投资组合"。现在，我们首先需要考虑的是如何进行机遇开发。

对包含不确定性的投资项目进行机遇开发，主要可划分为两个阶段：一是制定探索式企划（Discovery-Driven Planning，DDP），二是测试检查点（CheckPointing）。

阶段一：制定探索式企划阶段。这个阶段的任务是要确定投资机遇的框架范围，找出能提升潜在利润的关键要素，记录所作出的主要假设，梳理项目的主要挑战以及主要弱点。在很多情况下，探索式企划的结论都是说不必给予某项目进一步关注，应该把它搁置一旁，从而腾出精力来开发更有吸引力的投资机遇。当然，如果结论是该项目很有前景，那么就进入下一个阶段，测试检查点阶段。

[1] Scott Hensley, "Glaxo Swaps Antibiotic Project for Equity Stake in Affinium," *Wall Street Journal*, February 26, 2003.

　　阶段二：测试检查点阶段。对机遇开发法进行结构化应用，提升良性潜能，消除不利因素。要达到这样的目的，就要并行推进两个流程：一是构建开发的看涨期权、开发的看跌期权以及开发的清算价值这一套体系，因为它们有利于带来项目增值和发掘项目潜力；二是要明确各个检查点的位置，即探索式企划阶段作出的那些主要假设所在的位置。我们将对检查点进行测试，以期在大举投入资源之前降低项目的不确定性，从而降低损失惨重的风险。本书的第三章是"机遇开发的第一个阶段：制定探索式企划"，第四章是"机遇开发的第二个阶段：测试检查点"。

机遇开发的
第一个阶段:
制定探索式企划

Unlocking
Opportunities
for Growth

>>>

框定项目的主要挑战和主要弱点 >>>>

本章旨在阐述如何制定探索式企划,它是机遇开发法的操作平台。下一章我们将探讨机遇开发的第二个阶段——测试检查点。

制定探索式企划阶段又由两个子阶段组成:

1. 规范制定和规范贯彻阶段,划定投资范围并记录主要假设;

2. 灵敏度分析阶段,厘清已作出的最关键的假设。

为了便于理解,我们还是用经过简化的实例进行说明。

人体工学型办公桌项目 >>>

Coppice Consolidated 是一个家具制造公司,它正在努力扩大其现有业务,在木制家具之外增加办公设备产品。Coppice 和一家知名的设计工程公司合作推出了一款办公桌,专为台式计算机比较集中的办公场所设计,其材料为模压聚合物。

他们对办公室设备行业以及模压材料的生产流程都知之甚少,但是他们独有的设计很有可能获得认可，这样就可以开始制造更为符合人体工学设计的办公桌，以此还能吸引高薪专家，如建筑师、软件及其他方面的工程师，还有媒体艺术家和设计师。他们认为这项产品的营销成本肯定低于竞争对手现有产品的营销成本，因为他们当中的商标注册人开发了一个数控制造系统，能够以少于现有生产系统的人工投入生产出高质量的办公桌。

■ 项目框架的构建

Coppice 目前的年利润额为 5 000 万美元。该公司认为，如果是未知度和不确定性较高的项目，五年后至少应该能产生 10% 的利润增量，即 500 万美元。不然何必在可以对现有业务进行再投资的情况下再去开发新项目呢？目前他们的资产利润率（Return On Assets，ROA）和销售利润率（Return On Sales，ROS）分别是 15% 和 20%。如果新项目的资产利润率和销售利润率达不到 33% 和 20%，管理层根本就不会有兴致在不确定较高的项目上下工夫。

探索式企划的起始步骤是为项目设定框架，明确需要达到的利润指标和利润率指标，以及由此倒推得出的收入指标、成本限额和资产限额。表 3—1 给出了办公桌项目所必须完成的业绩挑战，完成不了就不值得冒着风险付出努力。大家可以看到，我们在表格的首行对各列进行了标示，从 A 栏到 F 栏，各列内容说明如下。

表 3—1   办公桌项目的框架构建

A 栏	B 栏	C 栏	D 栏	E 栏	F 栏
			假设的序号	基准数据	来源或公式
F17	需要达到的营业利润指标	5 000 000 美元	1		由公司政策决定
F18	需要达到的 ROA 指标	33%	2	20%	由公司政策决定
F19	需要达到的 ROS 指标	20%	3	15%	由公司政策决定

续前表

A 栏	B 栏	C 栏	D 栏	E 栏	F 栏
			假设的序号	基准数据	来源或公式
F20	资本限额	15 015 015 美元			F17/F18
F21	需要达到的销售收入指标	25 000 000 美元			F17/F19
F22	成本限额	20 000 000 美元			F21－F17

A 栏：项目计划表的行次。

B 栏：对 C 栏中的数据进行文字说明。

C 栏：该计划的相关数据。

D 栏：所有已作出的假设（项目启动以后对它们都要进行测试）。

E 栏：C 栏数据计算过程中所参照的基准数据。

F 栏：同一行中 E 栏基准数据的来源，或者 C 栏数据的计算依据。

从表 3—1 可以看出，探索式企划的下一步是要对各个假设进行识别和标注。这样着手进行项目开发可以达到三个目的：一是可以在投入大量资源之前以最低的成本对假设进行测试；二是当现实状况从不确定性中浮现出来之后可以对项目进行重新定位；三是可以在项目进展过程中寻求途径来创造开发的看涨期权和开发的看跌期权，以及开发的清算价值。

由此可以得知，如果我们假设（假设 1、假设 2 和假设 3）管理人员能稳步保持项目框架构建所列示的利润和利润增量参数，那么到第六年，办公桌项目需要在把成本压缩在 2 000 万美元的基础上产生 2 500 万美元的收入，同时资产不超过 1 500 万美元。再次提请大家注意，这是第六年必须达到的绩效。如果一个探索式企划在五到七年内还不能达到相应的利润和利润率指标，那就没有必要再制定进一步的计划了——放弃这个项目，向更有前景的方向迈进吧！

一个项目的第五至七年的时间框架要根据行业竞争状况来制定。比较极端的时候，时间框架可能只有两年（例如，消费类电子产品），而在其他行业则要漫长得多（例如，采矿业）。但是这个时间框架应该是企业所认定的合理时间的反映，即项目要达到稳定状态或稳步增长所需的时间。如果利润和利润率情况良好，就可以考虑进行更细致的企划。

■ 拟定消费链

框定了主要挑战之后，下一步就是要拟定出重要细分市场的消费链。这个消费链应包括重要细分市场里的产品供应及其整套实践的检验情况，不同细分市场的消费链可能各不相同。我们将在本章的附录中对消费链进行详细讨论。

消费链中的每个环节都得以完成之后，创新项目才能真正实现商业化运作。从意识到产品需求开始直到最终的废弃物处理，所有的环节都要完成。公司和相关的代理商要做好每个环节的工作，否则消费链就会断开，从而使整个计划徒劳无功。但是，每个环节对公司或代理商而言都会产生成本。任何商业化的产品都有其特定环节，产品性质不同则环节大有不同，如实体商品、实体或金融服务、互联网产品、软件程序，等等。关键是要为产品拟定消费链，并确保有相应的计划支撑它的实现。办公桌项目的消费链如图 3—1 所示。

消费链

消费链
消费意识
搜寻
选择
订购/购买
送货
收货
安装
使用
投诉
退货
换货
废弃物处理

图 3—1　办公桌项目的消费链

制定消费链是构建我们所说的运营规范的基础。运营规范在探索式企划的数据表中的作用是将实体活动予以明确，目的是要保证消费链在市场中的全面实现。在办公桌项目中，通过查看拟定的消费链，发现以下活动是必须进行的，它们应该被添加到探索式企划的数据表中（见图3—2）。

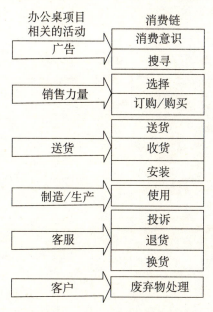

图3—2　办公桌项目的消费链

广告：创造产品需求意识，引导消费者搜寻目标产品。

销售力量：刺激消费者进行产品选择、订购或购买。

送货：保证送货、收货及安装环节顺利进行。

制造/生产：生产客户所需的办公桌。

客服：处理客户投诉、退货及换货。

客户：无须关注"废弃物处理"这一环节，因为客户会自行处理废弃的办公桌。

■　**制定运营规范**

制定运营规范的起始步骤是计算和界定完成计划指标以及系统开展

消费链活动所需的范围，从而对必要的实体活动及其附带成本进行合理估量。[1] 表 3—2 显示了运营规范当中市场营销和销售环节的演变。

表 3—2   制定运营规范和营销成本

	运营规范			假设的序号	基准数据	来源或公式
F24	每张办公桌的批发价	400 美元		4	420 美元	现价
F25	最低销售量	62 500	（桌子）			F21/F24
F26	日均销售量（以全年 250 天计）	250				F25/F35
销售和营销成本						
F29	广告费用占销售额的百分比	10%		5	6%	业内平均水平
F30	广告费用总额	2 500 000 美元				F21×F29
F32	单笔订单的办公桌数量	2	（桌子）	6	3	经销商
F33	单笔订单所需的电话次数	7	（电话次数）	7	5	经销商
F34	每天的销售电话次数	4	（电话次数）	8	5	经销商
F35	年销售天数	250		9		
F36	每个销售人员每年售出的办公桌数量	286				[（F35×F34）/F33]×F32
F37	所需销售力量	219				F25/F36

---

[1] 我们在本书的姊妹篇《引爆市场力》（*Market Busters*）中对这一流程进行了详细论述，在《创业思维》（*The Entrepreneurial Mindset*）的第十章和《哈佛商业评论》的"探索式企划"一文中也对此做了探讨。*Market Busters*，by Rita Gunther McGrath and Ian C. MacMillan, Harvard Business School Press, 2005；*The Entrepreneurial Mindset*, by McGrath and MacMillan, Harvard Business School Press, 2000；the HBR article "Discovery Driven Planning", by McGrath and MacMillan, *Harvard Business Review*, 1995.

续前表

	运营规范			假设的序号	基准数据	来源或公式
F38	销售佣金	15％		10	10％	竞争者
F39	销售人员薪酬	20 000 美元		11	20 000 美元	竞争者
F40	佣金总额	3 750 000 美元				F21×F38
F41	薪酬总额	4 375 000 美元				F37×F39
F42	销售成本总额	8 125 000 美元				F40＋F41

办公桌项目团队从行次为 F24 的假设开始考虑：不管他们的产品如何卓越，他们都是办公桌业务方面的新手，所以在第六年仍需通过竞价策略来与对手抗衡以占领市场，这样单张办公桌的售价需要定在 400 美元（假设 4）。这意味着要达到最低收入，公司每年（或每 250 天）要卖出 62 500 张桌子。

自行次 F29 开始，公司沉下心来开始应对办公桌业务的年销售业绩挑战，并对拟定的营销计划进行充实。首先，由于办公室设备生产商通常把收入的 6％花在广告投入上，而办公桌项目团队假设其市场占有率较低，那么他们的广告费用就至少要占到收入的 10％。

接下来就是探索式企划的关键部分：比办公桌项目团队更专业的人士有可能不同意假设 4 和假设 5。探索式企划的精神是，提出你的异议，这非常重要。每一个假设都鼓励员工给出他们认为最合理的估计及其背后的逻辑所在，这样在讨论当中就能提取出团队及顾问的专业意见的精华。在讨论结果出炉之后，项目团队就可以对假设范围作出较为合理的估计，而无须局限于对某个点的估计。这样做有三大好处：

1. 假设范围的宽度反映出假设所存在的不确定性。对于这些范围的估计同样也是运用我们的项目评估软件（即开发价值求解软件，EVS

软件）进行项目评价的基础。关于这一软件，我们将在第七章"使用开发价值求解软件进行项目评估"中进行详细论述，读者可以通过 www. oppengine. com 购买该软件。

2. 探索式企划完成之后，我们可以对其进行模拟运作，由此来了解所制定的计划对于假设范围的灵敏度。

3. 最重要的是，我们可以将设计出来的检查点嵌入计划当中，这样就可以在进行大笔投资之前对最为关键的假设进行测试。在每一个检查点处，我们都可以努力创造开发的看涨期权、开发的看跌期权和开发的清算价值。

行次 F32 到 F42，办公桌项目团队系统地制定有关销售队伍结构的假设：单笔订单所需的电话次数、每天的销售电话次数、订货量、销售佣金和薪酬总额。在多数情况下，这些假设都有由家具经销商所提供的大体的行业数据来支撑。每个假设都可以被质疑，每个假设得出的都应该是某个范围，以此反映团队所面临的不确定性。

表 3—3 显示的是利润表其余部分的展开，包括对设备费用、制造成本、送货成本及行政成本的估算。要是有谁不放心的话，欢迎仔细检查表中的数字！

表 3—3　　　　　　　　制定运营规范和营销成本（续表）

运营规范		假设的序号	基准数据	来源或公式
	制造成本			
F46	每张办公桌消耗的原材料	105 美元	12	100 美元	供应商
F47	每张办公桌的运货板成本	10 美元	13	10 美元	供应商
F48	材料成本总额	7 187 500 美元			(F46＋F47) ×F25
F50	每条生产线每日产量	100	14	80 美元	设备供应渠道
F51	年生产天数	250	15	250 美元	行业惯例

续前表

运营规范		假设的序号	基准数据	来源或公式
F52	生产线条数	3			F25/（F50×F51）
F53	每条生产线所需工作人员数	10	16	20 美元	
F54	生产线所需工作人员总数	25			F52×F53
F55	生产线工作人员薪酬	36 000 美元	17	25 000 美元	工人
F56	生产线工作人员薪酬总额	900 000 美元			F54×F55
设备费用				
F60	每条生产线的设备成本	2 500 000 美元	18	900 000 美元	设备供应渠道
F61	设备成本总额	6 250 000 美元			F52×F60
F62	折旧率	10%	19	10%	行业惯例
F63	年折旧额	625 000 美元			F61×F62
送货成本				
F67	年送货次数	31 250	（订单数）		F25/F32
F68	单次送货费用	80 美元	20	50 美元	送货公司
F69	年送货成本	171 360 美元			F67×F68

最后我们来看表 3—4，这是利润表的计算，以先前的表格作为来源。表 3—5 是针对资产负债表作出的对应假设和计算。

表 3—4 利润表

F75	销售收入	25 000 000 美元	F17/F19
F76	成本限额	20 000 000 美元	F21—F17
F77	销售成本	8 125 000 美元	F40＋F41
F78	广告成本	2 500 000 美元	F21×F29
F79	材料成本	7 187 500 美元	（F46＋F47）×F25
F80	生产线工作人员薪酬	900 000 美元	F54×F55
F81	送货成本	171 360 美元	F67×F68
F82	折旧费用	625 000 美元	F61×F62
F83	其他成本限额	491 140 美元	（F76—F77—F78—F79—F80—F81—F82）
	利润	5 491 140 美元	
	销售利润率（ROS）	22％	

表 3—5 资产负债表相关的运营规范

	逆向资产负债表	假设	假设的序号	基准数据	来源或公式
F89	存货周转天数	90	21	90	银行
F90	应收账款回款天数	90	22	60	银行
F91	资产限额	15 015 015 美元			F17/F18
F92	应收账款	6 250 000 美元			（F75/360）×F90
F93	存货	1 796 875 美元			（F79/360）×F89
F94	设备	6 250 000 美元			F52×F60
F95	其他资产限额	718 140 美元			（F90—F92—F93—F94）
	资产利润率（ROA）	38％			

前面列示的表格中的数据产生了以下关键参数：

预期利润　　　　　 549 万美元

预期销售利润率　　 22％

预期资产利润率　　 38％

因此，该项目正好满足利润阈值，这样就有了继续运作的理由。如

果无法达到利润阈值，项目团队就要考虑放弃该项目、奔向更好的机
遇，或者寻求创造性的途径对现有项目的潜在绩效加以提升。

■　记录每个假设的范围界定

在探索式企划的过程中，要对假设进行记录，同时也要记录由办公
桌项目团队及其顾问商讨一致的假设范围，从而得出一份假设列表，标
明最有可能获得的价值以及最高和最低价值。办公桌项目团队所制作的
表 3—6 就是这样的例子。

表 3—6　　　　　　　　　　假设的范围界定

假设的序号	假设的范围	最有可能获得的价值	最低价值	最高价值
1	需要达到的营业利润指标	5 000 000 美元	4 500 000 美元	7 500 000 美元
2	需要达到的 ROA 指标	33%	30%	40%
3	需要达到的 ROS 指标	0.2	0.18	0.25
4	每张办公桌的批发价	400 美元	375 美元	450 美元
5	广告费用占销售额的百分比	10%	8%	15%
6	单笔订单的办公桌数量	2	1	3
7	单笔订单的所需电话次数	7	5	7
8	每天的销售电话次数	4	3	5
9	年销售天数	250	250	250
10	销售佣金	15%	12%	18%
11	销售人员薪酬	20 000 美元	20 000 美元	25 000 美元
12	每张办公桌消耗的原材料	105 美元	80 美元	120 美元
13	每张办公桌的运货板成本	10 美元	10 美元	12 美元
14	每条生产线每日产量	100	100	120
15	年生产天数	250	250	250
16	每条生产线所需工作人员数	10	10	12
17	生产线工作人员薪酬	36 000 美元	32 000 美元	38 000 美元
18	每条生产线的设备成本	2 500 000 美元	2 000 000 美元	3 000 000 美元
19	折旧率	10%	8%	12%

续前表

假设的序号	假设的范围	最有可能获得的价值	最低价值	最高价值
20	单次送货费用	80 美元	50 美元	80 美元
21	存货周转天数	90	60	90
22	应收账款回款天数	90	75	90

■ 敏感度分析

表 3—6 所界定的范围现在可以用来模拟根据假设得出的利润和利润率，为此可以使用任何一套蒙特卡罗（Monte Carlo）软件。由蒙特卡罗模拟法得出的结果有双重意义：

1. 明确公司所关注的预计成果的分配情况（对于办公桌项目而言指的是利润、资产利润率和销售利润率）。

2. 制作灵敏度图表，明确相对于输入值范围的输出值灵敏度情况。

如果不想进行模拟运作，可以直接将每个假设的最高价值和最低价值输入数据表中，记录其对于结果所能造成的影响。这样就可以得到一个表格，列示当每个假设处在最高价值和最低价值时对业绩所产生的影响。这个表格能对决策起到辅助作用，但它不像模拟运作那样有深度，无法对不同假设之间的联系予以考虑，即当某些假设处于最高价值时，其他假设可以处于最低价值的情况。蒙特卡罗模拟法通过反复运行数以千计的迭代变量来测试财务模型中所有可能的假设价值，从而为预期可能实现的结果提供一个相对比较完整的展望。其目标是得出一个至少可以容忍七至十个错误的假设列表。这个列表中的条目就是有待集中规划检查点并创造性地进行机遇开发的所在。

表 3—7 是办公桌项目团队所作的敏感度分析，确定了九个对利润而言至关重要的假设；其他假设对利润的影响相对较小。

模拟操作也被用来决定项目资产利润率相对于假设价值变动的灵敏度，这样可以得出一个梯形图，如图 3—3 所示。不难发现，无论使用什么样的敏感度分析法，只有为数不多的假设是影响利润（表 3—7）或资产利润率（图 3—3）的关键所在。

第三章
机遇开发的第一个阶段：制定探索式企划 031

假设	最低价值对利润的影响	最高价值对利润的影响	假设的序号
单笔订单的办公桌数量	−51%	22%	6
每天的销售电话次数	−20%	12%	8
办公桌的批发价	−20%	23%	4
原材料成本	23%	−19%	12
广告费用占销售额的百分比	12%	−16%	5
销售佣金	12%	−12%	10
销售人员薪酬	5%	−9%	11
每条生产线的设备成本	10%	−9%	18
单笔订单所需的销售电话次数	−7%	13%	7

表 3—7　办公桌项目的利润敏感度分析

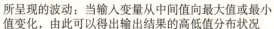

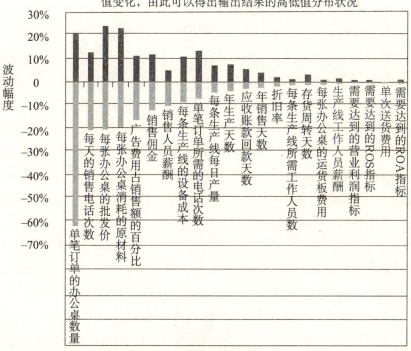

图 3—3　梯形图：资产利润率敏感度分析

敏感度分析把我们带向了机遇开发过程的尾声阶段。我们已经运用机遇开发法制定出了探索式企划，由此框定了主要挑战，作出了关系到项目前景的一系列假设，并且从敏感度分析的角度明确了对项目业绩影响较大的、最不能出错的关键变量群。在下一章中要讨论的是检查点，我们从机遇开发的观念出发，进行系统化的投资规划，以提升良性潜能、防范重大风险。

附录：进一步了解消费链 »»

以下将对消费链进行简要概述。想要进一步了解相关内容的读者，建议阅读我们的《创业思维》（*The Entrepreneurial Mindset*）一书（哈佛商学院出版社，2000）。

消费链将客户对产品或服务的典型体验划分为若干个步骤，首先是**客户产生需求意识**。对于消费者来说，出现这个步骤是由于多种信息输入触发了需求，这可能是对新车的需求，对休假、退休或其他事件的渴望。亚马逊网上书店想出了一个很聪明的办法，他们向客户提供与已购书籍相关的书籍列表，以此触发客户的需求意识。当客户已经意识到了某种需求，消费链的下一个步骤就是**寻找能够满足该需求的解决方案**。谷歌在消费链的这一步骤中显然做到了让自己与众不同。谷歌的特点是它有能力让自己的服务无处不在，并且由此成为了商业客户和消费者进行各类搜索的不可或缺的工具。

在客户找到合适的解决方案之后，下一个步骤就是**选择能达到客户评价标准的产品或服务**。在战略层面达到产品或服务的差异化需要进行深度思考——如何尽可能地帮助客户作出购买决定，尽可能地了解客户的消费体验。我们使用这样一些问题来帮助经理们制定制胜的战略：当客户在选择产品或服务时，他们在做些什么？他们在哪里？他们和谁在一起，或者在理想状态下他们愿意和谁在一起？他们为什么要购买这个产品或服务？

完成选择之后的下一个步骤就是**订购及购买产品或服务**。亚马逊网上书店早就想到为消费者提供可以储存客户偏好和付款方式的购物车，这一差异化特征为客户的购买活动提供了便利。

消费链接下来的步骤是**筹集资金以购买商品**。这就为那些资产负债状况良好的公司提供了一种可以取得差异化的途径：销售解决方案，而不是销售相关产品。在消费市场上，租车公司采取这种方式已经比较久了，他们提供低价的汽车租赁业务，客户只需支付租赁汽车期间的费用，而不用全额支付一辆汽车的购买价格。在工业领域，纽约飞机车轮与制动闸制造商 KFI（K&F Industries，Inc.）每当新的机身进入市场时，都会以亏本价出售其商用飞机制动系统，为的是在飞机零部件替换当中赚取利润。KFI 基本上是将其产品的成本和客户的收入流相挂钩，因为飞机的着陆次数与其制动系统的替换周期有直接联系。

在相对便宜的产品或服务领域，各公司可以在购买行为的支付方式上别出心裁。举个例子，埃克森石油公司（Exxon）的客户在其服务站可以使用电子钱包，一刷即可，通行速度很高。尽管埃克森服务站的这种特征对那些阔绰的客户并没有什么革命性的价值，但对于那些没有信用卡的年轻客户和没有银行账户的客户来说，这种方式就能够产生差异化的效果。

消费链中的再下一个步骤是**送货情况跟踪查询及收货**。美国联合包裹服务公司（UPS）取得服务差异化的手段之一是向客户发送电子邮件，同步告知最新的配送进程；从配送物件打包到完成快递任务，实行全程跟进。有了这一服务，客户不用再登录公司网站手动查询快递进程，因为系统会把最新情况自动通知客户。

各大公司也可以在**安装服务**上取得差异化。家得宝公司（Home Depot）和劳氏公司（Lowe's）就是很好的例子，他们研究了客户的老龄化分布情况，有的放矢地让有从业资格的专业安装人员为客户提供额外收费的服务。

消费链中的下一个步骤有可能是**储存和搬运**。PODS 公司在配送和仓储系统方面创造了一个差异化战略，它为消费者、小型公司和政府组织提供集装箱化运输的便利。为了运输或仓储，以往的做法是将货物装载到卡车里，这样一来至少得折腾两次——装载和卸载；PODS 改为将货物装到集装箱里，送到客户所在地。集装箱就放在地面上，便于客户装载他们的货物，然后再由 PODS 公司用专利化装载系统将集装箱吊起放到卡车上，运送到指定地点或直接送到公司仓库里进行储存。搬运和仓储服务的非一体化现状为该公司创造了巨大的商机，这是他们在消费链的这一环节深入考虑客户体验所取得的回报。

在安装或储存产品的步骤之后，是**客户使用该产品**。将中间产品卖给企业的工业公司通常会派工程师去客户那里，确保产品得到最有效的利用，也是为了有回头生意。苹果公司（Apple）除了在产品设计方面独树一帜，也非常重视这个环节：它从用户的角度考虑，将产品与外围设备链接得非常完美。

消费链中的下一个步骤有可能是**维修和退货**。消费者方面肯定是希望商户能够快捷、省事地退货，网上鞋店 Zappos.com 更是把这一点作为基本的宣传信息。鞋当然要买合脚的，这对网上购鞋来说一直是个难题。Zappos 提供免费的送货和退货服务，以此鼓励人们从网上买鞋。它还模仿人们在实体店购鞋的体验，鼓励客户同时订购几双鞋，留下最合脚的那一双，然后把其他鞋都退掉。

销售复杂的产品或服务的公司通常都会竭力做好消费链的服务环节工作，以彰显自身特色。哈里斯公司（Harris）把一项技术卖给喷气机引擎生产商，通过地面链路技术可以实时监控飞行期间发动机的性能状况。这样一来，引擎生产商就可以在提供定期服务期间向航空公司推荐必要的维修举措。为产品添加这样的服务接口，就使得竞争对手很难插足。

消费链的最后一个步骤是**产品的废弃处理**。不久之前，这个步骤通常被忽略。随着人们环保意识的增强，产品的废弃处理问题得到了越来越多的关注。各大公司争相塑造绿色形象，努力使自己的产品或供应商的产品可以被循环利用，这又使得产品的废弃处理成为了热门话题。美国顶级户外服装品牌巴塔哥尼亚（Patagonia）在这方面赢得了先机，该品牌对某些材料的衣服进行回收，用其中的纤维制作全新的外套。

■ 服务性行业

本章列举的消费链基本上是和实体产品直接相关，但根据经验，对于服务性行业而言，消费链也同样适用。消费链在服务行业当中相对要短一些，但关键环节并不会少。在服务业领域中，消费链通常同样是由产生需求意识开始，接下来是寻找解决方案，然后是选择和购买环节。如果是费用昂贵的服务，供应商可以在筹资和支付环节上出新招，以实现服务的差异化，例如，医生会找第三方的提供商为整容手术买一部分单。类似的情况还有，商业保单有可能非常昂贵，有些保险公司选择承担部分保费，以便于客户作出购买决策。收货与服务环节也适用于保险业，因为保险代理人需要将保单送达客户；另以丘博保险公司（Chubb Insurance）为例，该公司设立了理赔部，和实体产品的服务部门功能相类似，当客户遇到问题时，就由这个部门来负责满足客户的期望。

Unlocking
Opportunities
for Growth

>>>

构建解决方案，以提升良性潜能、

防范投资风险 >>>>

本章旨在阐述为了开发投资机遇，如何完成机遇开发法的第二个重要阶段：测试检查点（第一阶段为制定探索式企划，缩写是 DDP）。测试检查点阶段包含两部分内容：

1. 绘制机遇开发图，系统地罗列为了提升良性潜能、防范投资风险而决定采取的机遇开发举措。

2. 制作检查点及相关假设列表，系统而全面地记录在进行投资之前要对假设进行测试的节点所在。

和前几章一样，我们还是采用被高度简化了的实例进行说明。其逻辑同样也可应用于商业运作中更为复杂的项目。

检查点是经过精心设计的测试点，在计划展开过程中要利用它们对各个假设进行测试。有一点需要注意，在探索式企划中设置检查点，是要对某些结果进行有计划的观察；检查点不是特定的日期，也不是某个活动的起始。

下面，我们将进一步了解检查点测试的两大部分内容：

1. **确定适于开发的机遇**，提升良性潜能，降低投资风险。对已制定的探索式企划要进行检查，明确该企划所涉及的所有重大投资与资源投入情况，创造开发的看涨期权和开发的看跌期权，提出其他开发举措，提升良性的盈利潜能，降低负面的投资风险。然后，把这些举措综合起来绘制成机遇开发图，确定项目所有的机遇开发检查点。通过这些机遇开发举措，可以得出最初需要录入检查点及相关假设列表的内容。

2. **确定其他检查点**，用以测试探索式企划中的关键假设；请把它们也录入检查点及相关假设列表。确定这些检查点是特意要设法测试在探索式企划中列出的那些假设的。在项目开展过程中，每遇到一个检查点，都要在进行大笔资源投入之前先调整假设的范围界定，并根据这些更新后的假设和检查点测试所获取的新信息，对项目进行重新规划、重新定向或予以终止。

在整合检查点时，应该将有待测试的假设系统地录入检查点及相关假设列表（如表4—1），明确表述在各个检查点所要测试的假设内容。此外，还应指定负责人，确保每个检查点的相关假设都得到测试。假设测试绝不能有遗漏，而且对关键假设应进行反复测试，尽可能地通过多种途径来进行测试。

表 4—1　　　　　　　　　　　检查点及相关假设列表

检查点序号	检查点事项	待测试的假设	检查点测试成本	检查点测试负责人

我们将使用两个例子来说明测试检查点的流程。首先我们会沿用上一章当中的办公桌案例。然后，我们将转向较为复杂的一个案例，某从事研究新型"塔斯马尼亚怪兽产品"的公司，由于这个产品不同于该公司传统的已经大量生产的化工产品，因此在生产能力与销售市场方面都面临相当大的不确定性。

我们将在本章中集中探讨如何通过测试检查点来进行机遇开发、为项目创造价值。在第七章"使用开发价值求解软件进行项目评估"中，我们将详细论述如何使用我们的开发价值求解软件（EVS 软件）对项目进行评估。

这里需要特别说明的是，如果你想使用自己的评估方法，就算完全不使用我们的 EVS 软件，也可以运用本章所涉及的各种概念。实际的评估的确非常有用，但它不过是餐后甜点，不是主菜。机遇开发的思维过程才是真正能带来价值的所在。

确定开发机遇，以提升盈利潜力、

降低投资风险 ▶▶▶ ....

测试检查点的起始步骤是查看逆向损益表和资产负债表，明确所有重大投资要求和固定成本投入要求；然后激励项目团队以创造性的方式进行项目开发（例如，为资源投入进行多阶段化设计，置入开发的看涨期权、开发的看跌期权和开发的清算价值，等等）。

我们为此设计出一套系统的方法，以"教理问答"（Catechism）的形式（机遇开发"教理问答"）对每一次重大资源投入都进行控制。换言之，每逢有重大资源投入的要求，就提出以下问题：

1. 能否推迟投资计划，直到某个主要的不确定性问题得以解决？（例如，悬而未决的立法进程、诉讼结果、技术突破、新市场的开放等。）但有一点，这类延期不应损害该投资项目的竞争潜能或使其时过境迁。

2. 能否增加决策的灵活性？（例如，能否对投资或资源投入进行阶段划分？能否在无法维系某些客户或产品用途时寻得新的客户或用途？能否在一种技术开发路径行不通时另辟蹊径？）

3. 能否通过测试来探知和降低投资的不确定性？（例如，能否通过市场测试来探测新市场，或者通过开发难度较小的早期应用技术，促进全新的技术发展成果的实现？）

4. 能否创造出开发的看涨期权，即进行小额的试验性投资以获取信息，进而使自己有权利而非有义务去进行进一步投资？

5. 在项目进展未能如愿的情况下，能否设法弥补投资亏损？（就是说能否开发出清算价值？）

6. 能否把失望的可能转移给其他人？换言之，如果遭遇失败，能否让相关方面（另一家公司，潜在的供应商、经销商，客户，政府机构或其他组织）来承担部分或全部代价？

案例一：再谈办公桌项目 ▶▶▶

下面，我们将通过回顾办公桌项目的案例来说明检查点测试，介绍该团队如何针对办公桌项目创造开发机遇并创建检查点及相关假设列表。

■ 步骤一：确定适于开发的机遇，为初始检查点及假设列表制定检查点测试图表

首先需要再次查看逆向资产负债表、逆向损益表和检查点及相关假设列表，确定将来所需作出的重大资源投入事宜。表3—5中的逆向资产负债表（见第三章"机遇开发的第一个阶段：制定探索式企划"）列示了资金投入需求情况：设备成本，600万美元；应收账款，600万美元；存货，200万美元。* 办公桌项目团队立刻就能察知，应收账款和存货可以随着业务的增长而逐渐增加，所以在项目进展顺利的情况下才能获得权利来进行这些大笔资源投入。可是别忘了还有设备成本。项目团队在建立工厂之前需要开辟路径，测试办公桌的市场需求。

进入机遇开发流程，他们首先绘制了"预开发"阶段的检查点测试图，如图4—1a所示。设备方面需要投入资金为600万美元，有望在未来六年内产生630万美元的总利润。

EVS软件会给出下列评估要素：

---

* 表3—5中的数字为6.25万美元、6.25万美元和179.6875万美元，此处为四舍五入后数值。——译者注

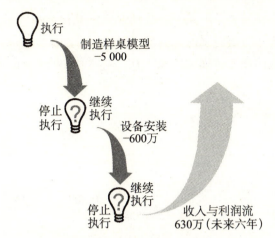

图 4—1a 办公桌项目机遇开发流程图：拟运作项目（单位：美元）

NPVe＝经过开发的净现值

OV＝机遇价值

AV＝清算价值

EV＝开发价值，即上述价值要素值的总和（因此它最为重要）

经 EVS 软件计算，图 4—1a 中的办公桌项目价值要素值分别为：

NPVe＝－193 万美元

OV＝0

AV＝0

EV＝－193 万美元

该项目具有如此大的负净现值，它在大多数公司里都会立刻遭到否决。

然而，一旦团队开始进行机遇开发的"教理问答"，分析这个工厂的各项支出，就会很容易想到两项开发举措（如图 4—1b 所示）。

开发机遇一：投入 1.5 万美元，多制造几种样桌模型，针对这些模型进行多次市场调研。这样该团队可以达到以下目的：

● 针对经销商和潜在客户开展模型产品的目标群体调研；

● 邀请用户试用各种模型的办公桌；

● 对受测用户进行目标群体调研；

● 通过高端经销商对各模型进行试销。

调研成本预计为 5 万美元，连同制造样桌模型所需的 1.5 万美元，实际上等于为了得到将来的利润流而创造了 6.5 万美元的开发的看涨期权，同时大大降低了可能核销 600 万美元的工厂设备费用的风险。

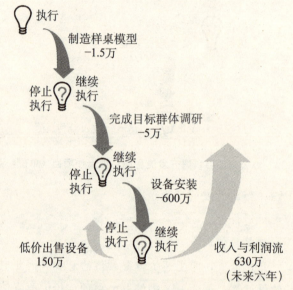

图 4—1b　办公桌项目机遇开发流程图：设备清算价值
及通过目标群体调研可获得的开发的看涨期权（单位：美元）

开发机遇二：采购较多的可转售的通用型生产设备（这多少会有损生产效益），如果项目遭遇失败，可以用这些设备卖得 150 万美元；这是清算价值的开发。

注意：明智的企业通常都会在日常经营中贯彻这样的思维，但是，几乎不会将这些开发举措纳入项目评估流程予以考量。

我们的方法的独到之处在于，它鼓励管理者在策划重大投资或固定成本投入时，积极寻求途径以降低负面风险，并将这些开发举措纳入评估流程，从而切实地考虑如何改变项目的风险和收益状况。

图 4—1b 中对开发计划所作出的基本改动，对项目价值有很大的影响，结果如下：

NPVe＝－93 万美元

OV＝209 万美元

AV＝51 万美元

EV＝84 万美元

是什么促使这些数值发生了改变？为了进行目标群体调研，项目投入了 1.5 万美元用来制造样桌，从而消除了市场方面的一些不确定性。接着，他们确立了检查点，以测试与市场相关的部分假设。这里也是一个退出点，且成本较低。如果市场信息对项目不利，则可以对项目进行重新定位或干脆予以终止。数值为负的 NPVe 减少了 50%，同时又产生了 209 万美元的机遇价值，由此可见该检查点的作用。改用多用途设备又创造了清算价值，因为在必要时可以将其出售。

所列示的清算价值大约是廉价出售设备可得的 150 万美元的 1/3，请注意我们重点是在评估设备的出售机遇，而不是在预测售价。

开发机遇三和四：接着，就如何测试一些关键假设，办公桌项目团队开始进行机遇开发的"教理问答"，这些假设的背景是：不建立工厂而销售办公桌。由此出现了两项开发的看涨期权（如图 4—1c 所示）。

在开发过程中，他们首先想到的是将 1 000 张办公桌的生产任务外包给一家现有的模具公司，这样办公桌项目团队不熟悉生产流程的问题便得到了解决。然后，为了减少市场的不确定性，该团队决定找一家办公设备制造商的代表处负责销售这些产品。代表处在销售自己的商品时可以捎带上办公桌项目的样桌：该团队将试图与代表处达成协议，让办公桌项目团队自己的销售人员密切参与到合作当中，从而跟踪学习代表处在新产品推销方面的经验。如此一来，办公桌项目团队就可以对一些关键假设进行更准确的估计，如单笔订单的办公桌数量、销售电话次数、销售价格，还有单笔订单所需的电话次数等。请参见修改后的机遇开发流程图（图 4—1c）。

按估计每张样桌 200 美元计，生产 1 000 张样桌所需的成本（包括模具成本）大约为 20 万美元。设备制造商的代表处有意以高于每张

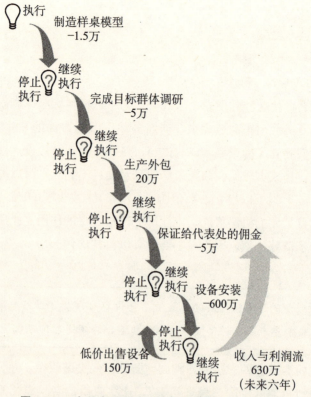

图4—1c 办公桌项目的机遇开发流程图：开发的看涨期权——生产外包与制造商代理销售（单位：美元）

300美元的价格出售这批测试产品，从中收取33％的佣金，但要求预先支付5万美元的佣金作为必得部分。这两个步骤一共产生了25万美元的费用，实际上等于为了得到将来的利润流而创造了一项开发的看涨期权。不仅如此，这里也形成了一个检查点，如果首批测试产品的表现很不理想，就可以避免投资建厂。这25万美元所能创造的价值，靠传统的财务指标根本无法捕获，但使用EVS软件便能一目了然。如下所示，这个扩展了的机遇开发流程进一步增加了项目的价值：

NPVe＝19万美元

OV＝101万美元

AV＝12万美元

EV＝131万美元

　　开发机遇五：接下来，办公桌项目团队通过创造清算价值来对上述两项开发的看涨期权（图 4—1d）共计 25 万美元的费用进行机遇开发。首先可以确认的是，即使测试项目中的产品严重滞销，也可以对积压产品进行廉价处理，获得 3 万美元的清算价值。但是项目团队发挥创造性，向制造商代表处提出新的合作提议，从而创造了一项开发的看跌期权："无论销售和售价情况如何，只要你们愿意为这些样桌付给我方 15 万美元，并允许我方与你们的销售力量紧密合作、获得所需数据，这些办公桌销售所得的收入都归贵代表处所有。"这意味着该代表处能够以150 美元的单位成本得到 1 000 张售价很可能高于 300 美元的桌子——这个成本比生产桌子所需的直接成本还要低。

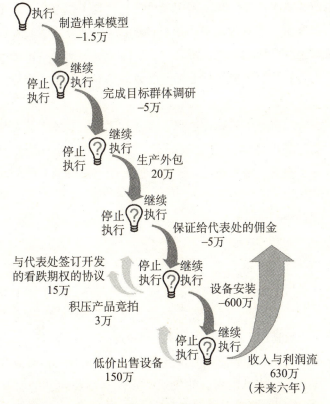

**图 4—1d　办公桌项目的机遇开发流程图：积压产品产生的
清算价值与开发的看跌期权的合作提议**（单位：美元）

在项目计划中添加上述两个步骤之后，办公桌项目团队在驾驭项目不确定性方面有了更多选择的权利，新的项目价值情况如下所示：

NPVe＝35万美元

OV＝102万美元

AV＝29万美元

EV＝167万美元

开发机遇六：至此，该团队仍然不能放心地投入600万美元用于全面建立工厂。图4—1e显示的是他们又设计了最后一项开发的看涨期权：如果代销事宜进展顺利，他们可以利用原先花费150万美元购得的通用设备建成一条原型生产线，在全面建立工厂前用这条生产线学习如何以最低的成本生产办公桌。即使项目终止，这条原型生产线上的多数设备还可以作为二手通用设备出售，创造出50万美元的清算价值。此外，这条原型生产线的产能也可以在工厂生产全面启动后继续使用，这样可以节约建厂投资，把投资于工厂的数额从600万美元降低到500万美元。

尽管设备成本有所提高，达到了650万美元（其中150万美元用于建立原型生产线），但是由于管理层有了更多选择的余地，并且设备投资被拆分成了两块，结果是项目价值在原有基础上继续有所增加：

NPVe＝41万美元

OV＝96万美元

AV＝44万美元

EV＝181万美元

办公桌项目案例是我们的开发案例中饶有趣味的一个。项目开始时的价值为－193万美元，似乎注定要被"溺亡"，但是经过一番开发之后，变成了价值高达181万美元的大好机遇！

机遇开发流程图绘制完成后，接下来就要开始填写检查点及相关假设列表，其中将反映出定稿后的机遇开发流程图所包含的所有检查点（表4—2）。（在这个阶段，我们没有填入需要进行测试的假设。在确定了测试关键假设所需的检查点之后，才有办法填写这些假设；它是填写过程的第二个步骤。）

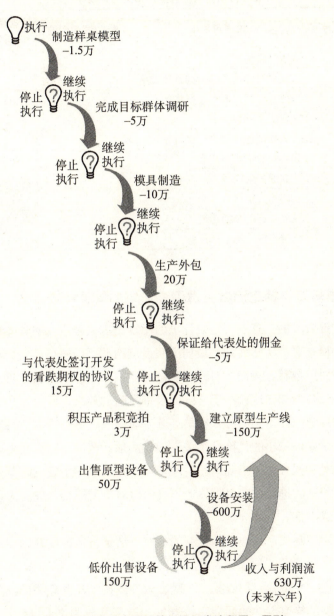

图 4—1e　办公桌项目的机遇开发流程图：原型
生产线产生的开发的看涨期权与开发的清算价值（单位：美元）

表 4—2 办公桌项目的检查点及相关假设初始列表

检查点序号	检查点事项	待测试的假设	检查点测试成本（美元）
1	完成样桌生产		15 000
2	完成针对经销商的目标群体调研		25 000
3	完成针对用户的目标群体调研		25 000
4	完成生产外包		200 000
5	代表处销售代理合同执行完毕		50 000
6	代表处购买积压产品		150 000
7	建立原型生产线		1 500 000
8	出售原型生产线		−500 000
9	完成工厂的全面建设		5 000 000
10	低价出售全部工厂设备		−1 500 000

■ 步骤二：确定测试关键假设所需的其他检查点

关键假设的检查点，是设计出的用以测试关键假设的具体事项；随着各个检查点的实际展开，最初的假设范围就可以缩小。从最早的检查点逐一向后推移，我们会对经过测试的假设作出修改，从而对这些假设的信心也会增加，这就达到了降低投资风险的效果。所以，在规划检查点时，应考虑以适当的方式在早期开发阶段以较低的成本进行测试，其目的就是要以较小的代价缩小关键假设的估计范围。这样并不是在一开始就能对这些假设作出确凿的判断，但毕竟可以缩小假设的范围。随着检查点测试的进行，项目整体的不确定性将有所减小，进而为逐渐扩大投资形成支撑。

可用于测试产品假设的典型的检查点结果包括市场调研结论，以及试验工厂的运营、原型产品的开发、市场测试、试销方案等的完成结果。其他一些项目，如服务、金融、软件或技术开发等项目，具有各自相应类型的检查点（如原型系统开发、原型系统测试、操作系统测试、软件分段调试等）。

再次要特别说明的是，前面列举的所有检查点都指的是已完成事项，而非刚刚开始的事项。已完成事项列表将便于你检查所有假设，知道哪些假设需要在各个检查点予以测试或探查，这样就可以有把握地推进测试计划。针对梯形图或敏感度分析中的关键假设，应确保在进行重大资源投入之前已经设计出用以测试这些假设的检查点，并且每个关键假设最好有多个检查点。

本着就算失败也要"败得干脆、败得不惨重，保存实力去抓住真正具有潜力的机遇"的精神，我们发现，如果能够较早地设置"绊网"*检查点，从而能尽早发现错误，这对整个项目将是大有裨益的。这种"为失败作计划"的逻辑看似有悖于传统的管理思维，但却是机遇开发理论的思想精华：如果一个项目没有什么前途，那就应当以尽量小的代价尽早获知这一点。它可以防止下游资源发生浪费，避免打击参与人员的士气。

敏感度分析可以确定最关键的假设，即那些对利润率和盈利预测最具影响力的假设。其目标是设计出相关检查点，从而使我们能够在进行重大资源投入之前对这些假设进行测试。

办公桌项目的关键变量在第三章中已得到确认，在此重新列示于表4—3中。

表 4—3　　　影响利润的重要变量（取自表 3—7）

假设	最低价值对利润的影响	最高价值对利润的影响	假设序号
单笔订单的办公桌数量	−51%	+22%	6
每天的销售电话次数	−20%	12%	8
办公桌的批发价格	−20%	23%	4
原材料成本	23%	−19%	12
广告费用占销售额的百分比	12%	−16%	5
销售佣金	12%	−12%	10
销售人员薪酬	5%	−9%	11
每条生产线的设备成本	10%	−9%	18
单笔订单所需的电话次数	−7%	13%	7

---

* 绊网（tripwire），本意为略高于地面、会绊倒人的网索，通常设有地雷触发装置。在IT领域，Tripwire Inc. 是公认的 IT 系统配置控制软件的先驱和领导者，它开发的 Tripwire 软件是一款功能强大的完整性监测程序，被广泛应用于网络安全防御。——译者注

所以这个问题的难度在于，如何设计出合适的检查点，以便在进行重大投资之前对这些假设进行测试。对办公桌项目团队来说，初期的检查点相对比较明显：

- 完成详细的市场调研；
- 完成可行性分析；
- 在全国范围内开展并完成市场调研项目；
- 招募和培训销售与生产人员；
- 安装生产设备；
- 生产办公桌并委托主要经销商进行销售。

在表4—2中加入这些检查点后，可以得到如表4—4所示的检查点及相关假设列表，它系统地罗列了各个检查点所要测试的所有假设，并综合探索式企划阶段的经验，对每个检查点的成本加以估算。

表4—4 办公桌项目的检查点及相关假设最终列表

检查点序号	检查点事项	待测试的假设	检查点测试成本（美元）
1	完成市场调研	4，5，6~11	10 000
2	完成可行性分析	1~3，4，5，6~11，18，19	15 000
3	完成样桌生产	1~3，4，12，13，14~17，18，19	15 000
4	完成针对经销商的目标群体调研	4，5，6~11，20~22	15 000
5	完成针对用户的目标群体调研	4，5，6~11	25 000
6	完成全面的市场调研	1，2，3，4，5，6~11	50 000
7	完成样桌试用者的招募工作	1，2，3，4，5，6~11	10 000
8	完成针对试用者的目标群体的研讨	1，2，3，4，5，6~11	25 000

续前表

检查点序号	检查点事项	待测试的假设	检查点测试成本（美元）
9	通过高端经销商完成样桌试销活动	1～3，4，5，6～11，18，19，20～22	20 000
10	完成生产外包	12～19	200 000
11	代表处销售代理合同执行完毕	1～11，20～22	50 000
12	代表处购买积压产品		100 000
13	建立原型生产线	1～3，12，13，14～17，18，19	1 500 000
14	完成试生产人员的招募和培训	16～19	100 000
15	完成试销售人员的招募和培训	10～11	150 000
16	将委托销售的库存商品运达优选经销商	20～22	500 000
17	出售原型生产线，获得清算价值		−500 000
18	完成工厂的全面建设	12～20	5 000 000
19	完成市场营销活动	1～4	500 000
20	低价出售全部工厂设备，获得清算价值		−1 500 000

　　办公桌项目团队慎重考量了每个检查点可用于测试的假设，以免因为错过测试某个假设的机会而追悔莫及。我们注意到，只要项目团队按照表4—4中所编排的初始计划执行，所有的假设至少会经过一次测试，而对关键假设会有多次测试。最后，在最右边一栏，办公桌项目团队估算了测试每个检查点所需的成本。

　　表4—4罗列了扩充后的检查点以及会在检查点测试过程中出现的相关假设。可以看出，表中列示的检查点执行成本相对较低，意在以较

小的代价缩小假设不确定性的范围。这就是机遇开发法值得学习的地方——从中学习如何真正迈向机遇之路；因为在每个检查点处都可以对项目进行重新定位（甚至在必要时终止该项目）。随着项目向后续检查点的推移，就要缩小假设的范围，以显示出对项目的信心正在增强，从而为逐渐扩大投资形成支撑。

综上所述，机遇开发法及其"教理问答"是非常有用的工具，有利于我们开拓创新，避免在项目不确定性降低之前进行重大投资和固定成本投入，并使用检查点及相关假设列表来测试重要假设以安排和跟进项目开展，从而最终达到降低项目风险的效果。

■ 计划的执行

只有在完成了理应能达到相关范围要求的探索式企划，并且已经创造性地排除掉重大风险之后，我们才能够制定更为详细的项目计划，用它来说明如何在六年时间里从目前的处境（无员工、无设备、无资金、无客户、无收入）发展到预期的状况。这时才可以投入大量精力，制定第一个五年预算、资金计划、员工计划，等等。类似地，由于计划存在不确定性，甚至可能根本就是个错误，所以仍然没有必要纠缠于细枝末节，因为我们的任务是要在推进项目发展的过程中不断学习新情况、不断进行重新定位，最终创造出真正的机遇。鉴于要动用多少资金和需要多少员工这样的细节还是有必要充分了解的，我们通常会为第一年的项目运作制定年度预算和员工计划，有时还包括季度预算。

试图保持正确固然没错，但更重要的是有意愿在每个重要的检查点对项目进行重新规划。犯点错总是难免的，所以在每个检查点，要决定该如何根据新信息对项目进行重新定位或索性终止项目。我们的格言是：就算失败也要败得干脆、败得不惨重，保存实力去抓住真正具有潜力的机遇。

就像我们对办公桌项目团队建议的那样，我们推荐各位遵循 15×30 的原则，即有待测试的重要假设不要超过 30 个，同时检查点不要超过 15 个。为什么呢？因为一旦超过这个数目，你很可能就不会进行重新规划了——太消耗时间，而且太痛苦。

至此，办公桌项目的检查点测试案例就结束了。在下一节，我们将向你介绍更为复杂的制图流程（不是检查点及相关假设列表的制作）。如果你觉得已经对机遇开发法的制图理念有了较好的把握，那么可以考虑跳过下一节，直接进入下一章的阅读。

案例二：机遇开发制图：塔斯马尼亚怪兽项目 >>>

如果你还不太清楚机遇开发法下的制图流程，我们将通过另一个名为塔斯马尼亚怪兽项目的案例向你作介绍。该项目是根据华纳系列动画片《乐一通》（*Looney Tunes*）中的一个见物必吃的怪物角色命名的，意在说明案例公司的新型卤分子具有强大的威力——该公司发现了一种具有强烈腐蚀性的卤分子，可以溶解几乎所有的陶瓷制品，其效率和精度远远超过任何现有的化合物。

我们计划来看看该塔斯马尼亚怪兽分子能否被开发形成产品和流程，以分子精度精确蚀刻或切割陶瓷制品。

下面，我们直接进入开发机遇的确定过程与制图流程。

■ 确定重大投资或固定成本投入情况，并运用"教理问答"确定适于开发的机遇

塔斯马尼亚怪兽项目团队已经确定了以下重大投资的估算：

1. 塔斯马尼亚怪兽产品从"试管阶段"到试验工厂运营阶段所需的研发总支出预计为 70 万美元，浮动范围在 60 万～90 万美元之间。

2. 全面建设用于生产塔斯马尼亚怪兽产品的工厂所需费用预计为 450 万美元，浮动范围在 400 万～700 万美元之间。

他们已经在探索式企划中指出，年利润的高低取决于他们能否在未来两年内获得产品专利权：

● 在可以取得专利的情况下，从产品推出到利润受竞争侵蚀的 10 年内，年收入为 400 万美元（标准差为 150 万美元）；

● 在没有专利的情况下，从产品推出到利润受竞争侵蚀的 4 年内，年收入为 300 万美元（标准差为 150 万美元）。

这样，塔斯马尼亚怪兽团队既可以选择先申请专利（这样项目会延期），也可以选择"裸奔"，没有取得专利保护就直接建立工厂。

机遇开发图的最初版本类似于图 4—2a。一旦研发工作结束，会出现下列三种可能性：

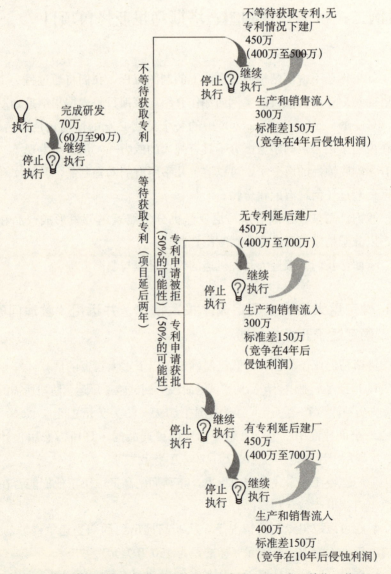

图 4—2a 塔斯马尼亚怪兽项目的机遇开发图：预开发（单位：美元）

1. 申请专利。在等待专利审批时，工厂的建立会受耽搁；但是一旦通过审批，就可以获得有所延迟却比较高的利润。

2. 申请专利。在等待专利审批时，工厂的建立会受耽搁；如果不能通过审批，利润获取不仅会延迟，还会因为激烈的市场竞争而缩水。

3. "裸奔"，没有取得专利直接建厂。虽然获得利润的时间得以提前，但是会因很快陷入竞争而蒙受损失。

需要注意的是，由于这个机遇比办公桌项目案例更为复杂，所以我们在图4—2a中纳入了项目团队探索式企划中的一些数据，以此对不确定性作出反映。譬如，研发成本经过估算后很有可能为70万美元，最少为60万美元，最多为90万美元。另外，如图4—2a所示，如果专利获批，每年产生的收入为400万美元，标准差为150万美元；这种情况将持续10年，直至利润因市场竞争而受到侵蚀。

开发机遇一：产品研发分"两步走"。塔斯马尼亚怪兽新型产品的初期开发需要在实验室完成，费用预计在60万～90万美元之间。问题的关键是这一阶段的开发努力是否有提升项目回报的可能。请参见图4—2b。

如图4—2b所示，该团队决定将项目分成两个阶段。第一阶段是对分子的批处理生产流程进行开发，预计费用为40万美元。如果结果令人满意，将追加30万美元的投资，否则就缩减研发经费。

由于向好潜力并未发生变化，将研发分为两个或更多的阶段实际上是在对结果进行积极的开发，但项目也可以在投入第一笔40万美元的资金后随即终止。如果能以更小的代价解决关键的不确定性因素，项目收益将更为可观。[1] 重要的是，至此我们所做的一切都是在对研发工作进行与众不同的思考。与众不同地思考问题乃是机遇开发法的本质特征。

---

[1] 第一阶段的研发工作可能会带来知识产权，将其转让给另一家公司，就可以获得研发相关的清算价值。这里我们要提醒大家，如果转让知识产权是最佳的前进途径，公司千万不要将通过出售知识产权创造清算价值的可能性拒之门外。如果把清算价值看做研发经费的扣减项目，那么遭受损失的负面风险就降低了；同时向好潜力保持不变，从而可以增加项目的非对称回报。

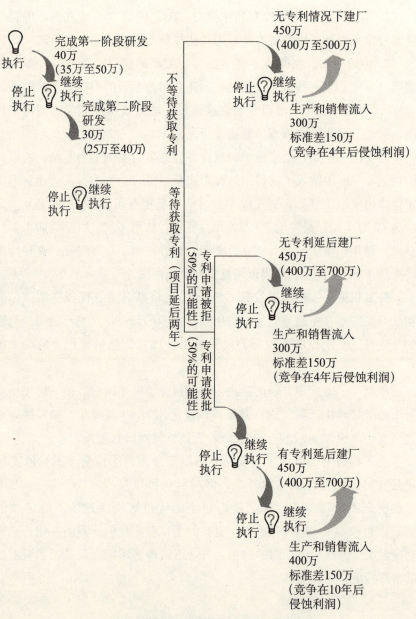

图 4—2b 塔斯马尼亚怪兽项目的机遇开发图：

产品研发分"两步走"（单位：美元）

开发机遇二：进行市场测试。因为研发进展顺利，所以塔斯马尼亚怪兽团队接下来要对塔斯马尼亚怪兽产品进行市场测试，以确保满足目标用户的需求。请参见图 4—2c。

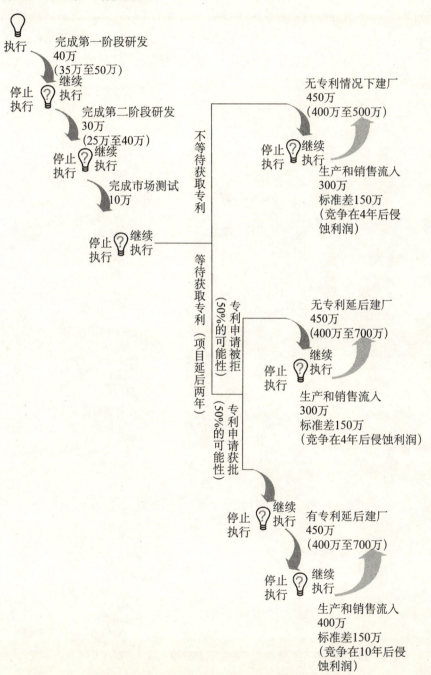

图 4—2c　塔斯马尼亚怪兽项目的机遇开发图：市场测试（单位：美元）

开发机遇三：建立试验工厂。建厂的费用预计为 450 万美元。不过，管理层坦言他们之前从未建过这类性质的工厂，因此所需费用可能在 400 万～700 万美元之间浮动。图 4—2d 显示了他们怎样决定建立试验工厂，以测试有关建厂成本、工厂效率和实际产能的假设。

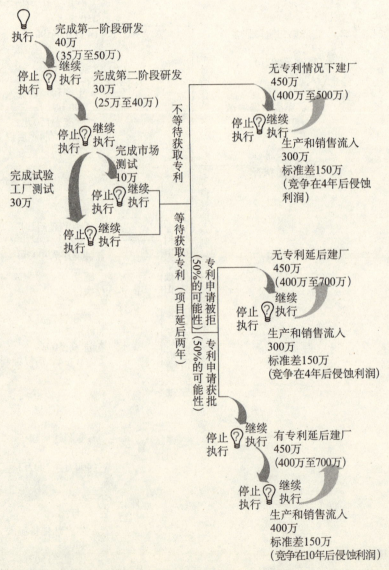

图 4—2d 塔斯马尼亚怪兽项目的机遇开发图：建立试验工厂（单位：美元）

　　开发机遇四： 出售知识产权。接下来，如果没能打开市场局面，塔斯马尼亚怪兽团队就会寻求途径来出售知识产权。出售知识产权可以创造清算价值。如图 4—2e 所示，如果专利申请能够获批，就算将来要在建厂前终止该项目，那么还是可以通过转让知识产权而获得清算价值。

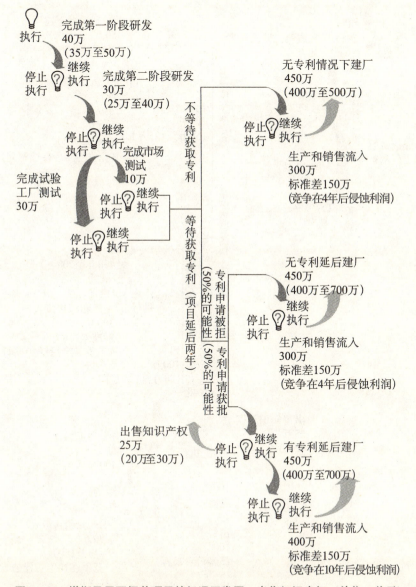

图 4—2e　塔斯马尼亚怪兽项目的机遇开发图：出售知识产权（单位：美元）

开发机遇五：出售工厂。如图 4—2f 所示，塔斯马尼亚怪兽团队意识到，即使项目失败，不管是否取得了知识产权，都可以拆除厂房，出

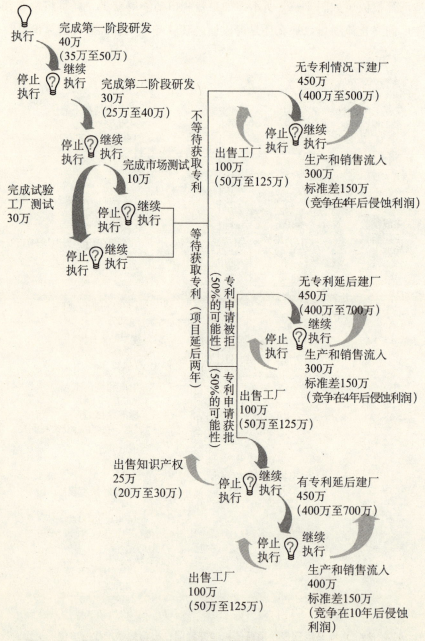

图 4—2f 塔斯马尼亚怪兽项目的机遇开发图表：出售工厂（单位：美元）

售设备和地皮。评估这个弃权机会的重要因素是厂房的市场价位，而市场价位则受到厂房设计的直接影响。例如，一个可用于生产多种类型产品的厂房，其价值肯定高于仅能用于生产一种产品的厂房。其中的逻辑很简单：多用途的厂房会受到更多买家的青睐。日本汽车生产商就考虑到了这一点，他们建造的厂房可以用于生产多种不同的汽车。与之相对，福特公司曾修建了一个只能用来生产 Taurus 汽车的大型工厂，最后该型号的汽车停产，于是福特公司不得不让厂房闲置。

我们在本案例中努力要说明的是，一个项目的价值可以多么的不同于传统财务指标所能捕获的价值；传统财务指标走的是纯粹的线性路线。只要运用机遇开发理论，与众不同地思考问题，在开发过程的每个阶段就都有改变项目回报的可能。在第七章，我们将继续讨论此案例，以说明如何使用开发价值求解软件来测算从研发到生产的过程中项目价值的变化情况。

至此，本章测试检查点的内容就全部结束了。在下一章，我们将探讨另一个对包含不确定性的高潜能投资项目的投资决策有重大影响的问题：如何为多个这样的项目创建投资组合。

Unlocking
Opportunities
for Growth

第五章 创建能够开发
增长点的投资
组合 >>>

成功的公司大都会建立自己的能够开发增长点的投资组合——有的针对基础投资、核心投资，有的针对能带来新的增长机会的投资，有的则着眼于高风险的长线投资。本章旨在阐述，怎样运用机遇开发法这种工具，创建能带来增长的投资组合。

企业在创新过程中需要解决源自两大类别的不确定性。[1] 一类是企业在开发与核心业务关系并不密切的新产品时所面临的**内部挑战**，这可能涉及科技、物流、采购、IT系统、生产等环节，以及企业文化和企业组织结构的层面。美国博思艾伦咨询公司（Booz Allen Hamilton）2005年所作的一项调查显示，研发（R&D）支出金额位列前10％的公司所取得的金融回报，比处于中游的80％的公司好不到哪儿去。由此得出的结论是，R&D支出不一定会转化为增长，除非有比较有效的企业文化保驾护航。[2] 企业组织结构通常容易被忽视，但如果深层的强

---

〔1〕 Rita Gunther McGrath and Ian C. MacMillan, *The Entrepreneurial Mindset*, Boston: Harvard Business School Press, 2000, Chapter 8.
〔2〕 "Mastering the Innovation Challenge Unleashing Growth and Creating Competitive Advantage," Booz Allen Hamilton 2005 edited by Matthew Clark.

大利益关系倾向于向核心产品及服务分配资源，从而怠慢了新产品，那就会构成一道障碍。据我们所知，许多前景光明的新产品都在企业内部的藤条上凋谢，就因为相关部门不愿意冒险对新产品进行商业运作；它们的注意力都集中在每股收益（EPS）的目标上。如何克服这些内部利益竞争，这本身就是一个论题，非本书所能涵盖，但已有优质的资源可供参考。[1] 另一类不确定性来自**外部挑战**，无论是向邻近市场打入现有产品或新产品，还是进军全新的市场，都会遭遇不确定性。邻近市场也存在挑战，因为可能需要开拓新渠道、接洽新联络人，甚至要去寻找新的客户群和供应商。有时，从前的盟友会变为竞争对手。例如，苹果的 iPod 和摩托罗拉的 RAZR 曾联袂开发出一款被命名为 Rocker 的音乐手机，当时的舆论普遍认为这是一剂势必会成功的良方：两种极为成功的消费产品要合二为一了！谁不想拥有它呢？原本的计划是，消费者把这部音乐手机放入充电器底座的同时，从个人电脑上下载歌曲。这不失为一个好主意，但问题在于电信运营商希望从中分得一杯羹，即希望消费者多从它们的网络上下载歌曲。[2] 僵持的结果是运营商拒绝赞助 Rocker，于是 500 美元的售价使它超出了年轻消费者的承受范围。这成为了一个失败的商业案例，因为摩托罗拉 RAZR 的新手机服务计划都无从实现，而消费者可以花 200 美元买到一个 iPod。人们确实还是两样东西都要有，而非一机在手两用不愁，但是他们从中节省了 300 美元。以此我们可以看出，就算面对的是相对熟悉的新市场，也远远不等于拥有了斩获利润的必胜把握。

如果是全新的市场领域，所面临的外部挑战可能更为艰巨。其中的不确定性包括要找准时机，建立产品认知，确定合适的价格点，探知需求深度，开拓良好的分销渠道和销售关系，必要的话可能还需要成立一支新的销售团队。

---

〔1〕 参见 Zenas Block and Ian C. MacMillan, *Corporate Venturing*：*Creating New Business within the Firm*，Boston：Harvard Business School Press, 1993。

〔2〕 参见 Roger O. Crockette, "Major Hangups over the iPod Phone," *Business Week*, March 24, 2005。

创建能够开发增长点的投资组合 》》》 ·············

把源自内部挑战和外部挑战的两类不确定性结合起来，可以得出一个简单的图，我们称之为能够开发增长点的投资组合图，如图 5—1 所示。[1]

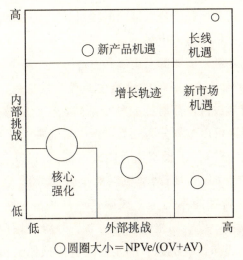

○圆圈大小＝NPVe/(OV＋AV)

图 5—1 能够开发增长点的投资组合图

图的纵轴衡量的是项目面临的**内部挑战**的难易度（由下向上难度递增），横轴衡量的是**外部挑战**的难易度（由左向右难度递增）。当我们以左下角为起点，那么无论向哪个方向移动，不确定性都呈增加趋势，直至到达右上角，即该投资组合图的上限。使用这两个坐标轴，我们就可以开始建立项目的投资组合，利用各项目时间表和目标的不同，合理分配资源。

处于投资组合图左下角的项目，代表的是对现有产品项目的强化。这些核心创新可以提高现有产品及服务的利润率和竞争力。这些项目通常面对的是现有市场，利用的是已有渠道，因而其评估基于净现值分

---

〔1〕 更多资料可参见 Rita Gunther McGrath and Ian C. MacMillan，*The Entrepreneurial Mindset*，Boston：Harvard Business School Press，2000。

析，得出的数据就是经理们的业绩答卷。我们把这个投资范围称为核心强化区域。

在图中向上或者向外移动，就进入了增长轨迹区域。在这个区域内的创新项目旨在带来新生代的利润流，其不确定性程度要高一些，评估方法转为应用基于风险的净现值分析（risk-adjusted NPV）。经理们呈交的数据要符合一个预期应达到的业绩区间，区间的界定就反映了不确定性的增加。在运作增长轨迹区域内的项目时，应该运用传统的项目管理流程，以便产品尽快进入市场。

投资组合的外缘，即图的上边缘和右边缘，这两个区域内的投资项目具有高度的不确定性，它们的价值主要是开发价值，净现值成分极少。这些项目应当被视作高潜能的种子系列，它们能够创造看涨机遇。这个范围内的机遇可以被划分为三类：新产品机遇（位于投资组合图的上部）、新市场机遇（位于投资组合图的右部），以及长线机遇（位于投资组合图的右上部，即前两类机遇的重合部分）。长线机遇区域内的投资项目具有高度的不确定性风险，内部挑战和外部挑战都很艰巨，但若取得成功，投资回报会极为可观。外缘区域内（包含新产品机遇、新市场机遇和长线机遇）的投资组合应该作为机遇开发型项目进行评估，着重衡量不确定性可以被减弱的程度和净现值的产生情况。

对于能够开发增长点的投资组合的不同区域，我们将逐个阐述。

新产品机遇 ▶▶▶▶

内部挑战程度高、外部挑战程度处在低度到中度的项目，属于含有**新产品机遇**的项目。这种是市场条件比较充分的情况，现有的消费正在呼唤一种新型产品的出现；当然，产品定价和产品属性都要对路。例如，通用汽车刚刚揭开面纱的 Volt，一款全电驱动的概念车，它拥有漂亮的流线型车身，仅凭电池就能连续行驶 40 英里。* 但问题在于，在推出这款车型的 2007 年，电池技术的成本尚不在可承受范围之内。显然，外观时髦且极为节能的高性能车几乎无须面对什么市场不确定性，但前提是它的价格并不令人望而生畏。很可惜，通用 Volt 还缺乏相应的技术支撑，不能划分为增长轨迹区域内的投资项目，它应该被看做新产品的看涨机遇。我们作出这一判断的依据是新型电池还面临着技术挑战。高不确定性的存在使得无人能为这一款车型作出具有实际意义的现金流量预测分析。因此，眼下能为通用 Volt 进行价值评估的唯一办法就是通过确定其机遇价值和清算价值。据此我们认为，通用 Volt 这种高性能的全电驱动车，可以获得看涨机遇，无论它能否真正转化为大规模的商业应用。我们盼望着通用 Volt 商业化，但如果不能如愿，我们只需平静地面对现实。

有一种洞见值得注意，新产品机遇（例如，通用 Volt）常常可以通过多种方式获得价值提升。从外部获取相关的知识产权，无论是通过购买许可或者买断产权，都能够加速项目进展，从而为胜利增添砝码。由于市场正在呼唤具备新功能的产品，加快项目推进速度必定可以增加项目价值。假设通用是在依赖其内部的研发力量来获得所需的电池技术，那么，通用可以计划与一家拥有重要的电池技术知识产权的公司进行接洽，以期在制造所需电池方面获得帮助。从一个技术能力很强的外部公司获取知识产权，能够极大地增加成功研制出电池的可能性，从而使得通用在竞争力流失之前进入市场的概率大大提高。如果通用对机遇开发法进行这样的应用，那么其价值是清晰可见的。让我们继续扩展这个例子，假设通用在与拥有电池技术知识产权的公司进行合作，这时可以签独家协议，也可以签非独家协议。对通用而言，选择不同则成本不同，而且两者所包含的机会具有不同的战略意义。如果通用决定签订独家协议，其中蕴涵的重要价值就显而易见，因为通用可以借此将竞争隔

＊ 原文有误。原文为 "40 miles per gallon"，即每加仑可行驶 40 英里，这不符合 Volt 的性能描述。Volt 主要是由行程为 40 英里的电池组驱动；在行驶过程中，一个小型内燃机可以给电池充电，从而延长行驶里程。通用在 2009 年 8 月 11 日宣布的数据是，Volt 可以达到每加仑 230 英里的能耗。译者做了更正。——译者注

离一段时间；而签订非独家协议的话只能获得先发优势，价值相对较低。通用 Volt 项目的价值能否获得提升呢？这需要两家公司在电池技术合作上取得进展，并且通用为获得这项知识产权所付出的成本不能高于一个价值差：走内部研发之路所能获得的价值和领先一步占领市场所能获得的较高潜在价值之间的差（无论是独家协议还是非独家协议，都有利于先行抢占市场）。

新市场机遇 ▶▶▶

　　面临艰巨的外部挑战的项目，往往包含一系列变数。顾名思义，新市场机遇区域内的不确定性的来源是变化无常的市场和市场竞争，非企业自身所能控制。这些不确定性包括市场规模、市场增长率、价格点、市场细分、预期的市场渗透率、分销渠道，企业自身能够获取的市场空间、可供拓展的周边市场、现有的和新出现的竞争者的响应性和竞争特征，以及产品周期和市场发展趋势等。基本来说，在找寻最佳市场的过程中，新市场看涨机遇都应当被看做在扮演侦察者的角色。它们可能无法直接产生货币回报，但却能够提供关于目标市场的重要情报。即便这些还不足以告诉你下一步棋该怎么走，但至少可以告知你有一些走法完全行不通。例如，某公司计划推出新产品，但是还不确定应该首先进军哪个市场，假设它是在北美、拉美和欧洲市场之间进行选择。运用机遇开发法，对不同的市场的进入战略分别进行评估，通过比较选出最佳的新产品推出方案。每个测试市场都应被当作在创造新市场的看涨机遇，它承载的是进入该市场的权利，而非义务。由此，理应预测到其中一些看涨机遇会"毫无价值"地无果而终，它们给出的信息是，新产品在相应的地区没有市场。知道不该进入哪个市场，其意义通常不亚于知道应该进入哪个市场。几乎所有的企业都会进行市场测试，以避免新产品遭遇滑铁卢。但是有估计显示，仍有 90％ 的新产品不能产生投资回报——这一定是哪里出了问题。在产品的市场测试方面，机遇开发法的益处在于，它能够对不同的市场进入策略所能带来的看涨机遇进行价值评估，从纷繁的备选方案中找出上乘策略，并且鼓励经理们把市场进入作为看涨机遇来看待，而不是作为项目计划。推出新产品或是进军新市场，经理们会被各种令人迷惑的、并且常常是互相矛盾的信号所围困，其中的不确定性使得他们很难找出最佳策略。关于新产品或新市场的前景，机遇开发思维可以引导经理们乐于接受那些与他们的假设不一致的信息，并且鼓励他们积极去探寻这样的信息，以便赶在损失惨重之前重新定位奋斗方向。

新市场的开发的看涨期权可以有多种表现形式。最明显的例子存在于规模较小、不确定性不高的测试市场中。新产品在这类市场上的推出只是最终市场战略的先头部队，但还是能够提供很有价值的信息。明智的企业大多会进行市场测试，但是通常不会将其视作看涨机遇；而这样的机遇能够对寻找高潜能市场起到护航作用。

能把市场测试作为看涨机遇来评价，有两方面的用途：

1. 匡算项目预算，对于测试所获信息值得花多大代价进行估计，这样就使得从众多方案中选择出最佳测试市场有了可能。

2. 进入测试市场的方略可以得到评估，以找到最佳选择。

戴尔（Dell）最近宣布要开始在沃尔玛超市（Wal-Mart）销售个人电脑，这与其一贯奉行的直销模式大相径庭。戴尔在 20 世纪 90 年代也作过类似尝试，牵手零售巨头百思买（Best Buy）、好事多（Costco）以及山姆俱乐部（Sam's Club），但是在与零售商的利润分配中，戴尔在利润率方面牺牲很大，于是只得作罢。[1] 但后来戴尔的收入增长一直不温不火，这一点似乎是它再行尝试的动因。戴尔对零售市场进行测试可以采取两种途径。一种是选择几家沃尔玛商店出售其整个系列产品，看哪种机型最为畅销。我们称之为纵向测试，因为整个系列的个人电脑都会受到测试。另一种途径是在多个商场中仅销售几种机型，由戴尔自己选择这些机型。这可以被看做横向测试，戴尔可以由此估量品牌的受众吸引力。这两种不同的新市场看涨机遇可以给出不同的信息反馈。

再来看一个案例。印刷业巨头唐纳利公司（RR Donnelley）在 20

---

〔1〕 Matt Richtel，"Coming Soon to Wal-Mart：2 Dell PCs," *New York Times*，May 25，2007.

世纪 90 年代对电子印刷进行过市场测试。唐纳利擅长同版本出版物的
规模化印刷，如各种杂志期刊。对这个行业来说，价格制胜高于一切。
而电子印刷则恰恰相反，其前景是根据需求灵活地进行小规模印刷，胜
人一筹的关键不是纯粹的价格，因为投送速度已经上升为重要因素。要
获得竞争力，唐纳利势必要在美国各地建立工厂，切实缩短与消费者的
距离，以满足极为紧凑的投送安排。唐纳利并未立即启动昂贵的建造规
划，而是选择以深思熟虑的做法获取看涨机遇。它在田纳西州的孟菲斯
建立了首个数字工厂，这可是联邦快递公司（FedEx Express）的腹地。
这样唐纳利可以到傍晚时分再定稿、印刷并搬上飞机，第二天向数字产
品消费者进行投送。[1] 这样的市场测试成本自然远远低于铺开来干的
项目投入，而且能够对销售力量进行测评，看其能否稳健应对电子印刷
市场的需求特征，即单品需求份数较少、价格较高。在此如果将新市场
看涨机遇加以考虑，思索如何使这一看涨机遇最大化，你会选择在孟菲
斯建立工厂还是选择租用某个工厂？或者根本就用不着拥有工厂，而是
可以把相关的印刷业务外包给当地的电子印刷厂商，并且同样可以观察
唐纳利的销售力量在小规模客户定制环境下能否胜任。假设这三种方法
所产生的利润是等同的，那么固定成本最低的方案就是最有价值的方
案。因此在本案例当中，对看涨机遇的最大价值的追求，可以驱使唐纳
利把相关的印刷业务外包给第三方，直到它对进入电子印刷市场很有信
心。虽然外包的做法可能获利微薄，甚至会赔钱，但绝非无用之功。因
为这里的生产成本和销售有直接联系，所以除了销售团队，其他成本都
是变量——零动作则零成本。现在你完全可以感知机遇开发思维的犀利
和敏锐了吧！

长线机遇 ▶▶▶▶

在投资组合图的右上部，即新市场区域和新产品区域相互重合的部

〔1〕 David A. Garvin and Artemis March, "R. R. Donnelley & The Digital Division," Harvard Business School Case, January 12, 1996.

分，属于长线机遇区域。这一区域内的项目所面临的内部和外部不确定性都非常高。尽管这些项目所包含的机会有很大的偶然性，但是放眼未来，它们拥有引领突破性变革的可能。

在本书的撰写期间所出现的一个案例是，研究人员研发出一种存储芯片，它只有一个白细胞那么大，能存储 160 000 比特的数据。在能够转化为产品之前，这一项目面临巨大的不确定性，内有技术问题，外有市场问题。这项技术蕴涵巨大潜能，但是其研发周期注定会很漫长。

当企业所拥有的相应资源可以投入长线机遇中去时，其在管理这些项目的时候，必须怀有一个明确的意图，即减少不确定性。当这些项目真的开始展露美好前景时，其不确定性在下降，这时就要转换项目管理分区，把外部不确定性高的项目划分到新市场机遇区域中；相应地，把内部不确定性依然较高的项目划分到新产品机遇区域中。

长线机遇区域内的项目并不见得需要企业去应对重大的技术挑战和市场挑战。也有可能项目的主角是别的企业已经运作得比较成熟的产品和服务，只是对于本企业而言，该项目与自身的传统业务相隔甚远。

例如，本田汽车建立了新部门——本田航空（Honda Aviation），高调进军民用航空领域。2006 年下半年，本田开始为其生产的商用喷气机开展预订业务，每架 300 多万美元。很多公司早就开始做商用喷气机的大文章，但是对于本田而言，这必须被当作长线机遇来对待。汽车巨头要涉足航空业，这当然非比寻常。[有一个明显的例外是瑞典萨博汽车（SAAB，又译作绅宝），它以生产军用喷气机起家，后来转而进入汽车生产领域。]在项目的初始阶段，本田面临着极高的内部和外部不确定性。内部因素包括机身制造的技术问题，复合材料的生产，还要从世界各地很不熟络的监管机构那里取得许可。本田使出了一个颇有创意的招数来缓解其最大的挑战之一：发动机的设计和制造。本田与通用电气（General Electric，GE）建立了联盟，而通用电气是世界公认的卓越的商业喷气发动机生产厂商。在此之前，本田向来注重发挥其在小型发动机制造领域的核心竞争力，这一思想在它的产品扩张过程中得到了充分贯彻。不确定性的外部因素是，作为一家汽车摩托车制造商，它是否有能力把自身品牌打入一个全新的市场，这可意味着需要开拓全新的分销和销售渠道。本田在汽车工程和汽车制造方面享有盛誉，但是人们会乐意购买本田生产的飞机吗？有了通用电气的加盟，这个问题的答案明显向肯定的一方倾斜。携手通用使本田所面临的技术及市场不确定性都有了显著降低。

在服务领域，美国 UPS 公司与日本东芝（Toshiba）进行了服务合作，这在开发长线机遇方面是个范例。从前，当东芝客户需要维修他们的手提电脑时，会把电脑送达东芝的服务中心，数日后电脑被送还。现在，东芝客户把电脑交给 UPS，UPS 在它的公司里设有电脑维修部门，而该部门的员工都是由东芝培训出来的。这样一来，送还电脑的时间缩短到三天以内。虽然在与东芝合作之前 UPS 自己就有相关的职能部门，但这仍然应该被划分为长线机遇，因为这是一种为公司客户提供远程服务的新模式，对市场探索具有很大意义。

关于新产品、新市场和长线机遇领域投资组合的讨论至此告一段落。这里我们要强调一点，不可长时间放任项目维持原状。在探索式企划过程中，如果在对检查点进行逐个研究之后还是认为无法减少不确定性，那不妨认真考虑一下放弃该项目，然后把才智投入不确定性可以得到控制的项目当中去。

增长轨迹上的机遇 ▶▶▶▶

当新市场和新产品的看涨机遇变得成熟并显现出商业前景，项目在投资组合图中的位置就会向左下方移动，进入增长轨迹区域。这些项目中的新产品会在不久的将来成为推进公司增长的生力军。对于增长轨迹区域内的项目，其所面临的内部和外部挑战应该已经得到有效解决，经理们应该可以拿到比较可靠的数据来分析相应的市场细分规模，并据此对销售作出预期；分销渠道已经浮出水面并且对其有了适当认知，组织结构问题也应当已经解决。不确定性还存在一个关键来源，即竞争对手的反应模式。如果推出的是全新的产品，经理们必须对竞争对手的行动进行揣摩，推测他们会在什么时间、以怎样的方式进行还击。

已经进入增长轨迹区域内的项目产品，应该已经发生了两种变化。一种是它们的机遇价值基本上已消退，因为笼罩新产品的不确定性已经被如愿降低。这是一系列假设已经被现实认知所取代的结果，或者至少在项目发展过程中，那些仍然存在的假定值的置信区间已经被大大缩窄。不确定性渐渐降低，代之而来的是计划执行中所存在的风险。不确定性如星云般缥缈，而风险是能被测度的。项目之初代表的是机会，努力进取的成果如何，那时还无法有确信的把握，因为不确定性实在太高了。当这个项目已经进入增长轨迹区域，我们就可以考虑成功的现实可能了。进入增长轨迹区域内的项目所发生的另一种变化是，存在于投资组合图中风险较高的外部区域内的机遇价值已转化为基于风险的净现值。当机遇价值完全消退时，净现值就走到了台前，而这正是经理们所期待的。

机遇价值和净现值，两者可以共同为项目投资的决策制定提供指南。关于我们的这一观点，其实际应用刚刚已经描述过了。换个角度来说，在估量项目价值的时候，就应该把两部分都加以考虑，一是包含风险的因素（经过开发的净现值，NPVe），二是包含不确定性的因素（机遇价值，OV）。不要忘记，拥有机遇价值固然是件好事，但发放薪水毕竟要靠净现值。当项目从投资组合图的机遇区域转入增长轨迹区域，不仅价值评估的参照源要发生变化，而且项目运作方式也要发生变化。不确定性的降低意味着项目管理应该从机遇开发模式转入传统的项目管理模式，前者注重对假设进行测试，后者关心数据是否漂亮、任务是否能如期完成。其中的道理很简单：项目在发展到增长轨迹阶段以后，它就不再具有看涨机遇；它已经能够提供现实的产品，并且需要尽快进行市场投放。

核心强化机遇 ▶▶▶

投资组合图的左下角的投资项目，对公司核心业务起到强化作用，我们称这一区域为核心强化区域。这些项目代表的是对现有产品及业务的稳步改良。它们对任何企业而言都是生死攸关的，因为它们是企业能否保持竞争力、产生现金流和达到市场财务预期的关键因素，企业要依靠它们来增加产品的吸引力，或者至少能维持现有水平。这些项目的风险较低，因为它们通常依赖于业已建立的分销和销售渠道，面对的是非常熟悉的市场。并且，产品生产和物流服务都与现有流程相类似。因为这些项目所包含的不确定性很低，其价值评估就基于传统的净现值法。这些核心项目应该运用传统的管理流程加以运作，以速度、效率和质量为重。

有一点必须警惕，核心强化项目通常并不足以支撑企业的可持续增长。在市场变化莫测、竞争非常激烈的行业中尤为如此。以摩托罗拉红极一时的 RAZR 手机为例，摩托罗拉向市场推出了 RAZR 的系列版本，最新的是 RAZR V3，操作性能颇有提升，添加了富有活力的色彩元素。自 2004 年第四季度投入生产以后的短短两年内，RAZR 的销售量就高达 7 500 万部，这无疑是个巨大的商业成功。但是摩托罗拉对这项核心强化业务倾注了太多精力，导致它的后续创新不足，在手机与个人电脑、音乐及游戏走向融合的新一代产品开发上，明显逊色于竞争对手。由于缺乏具有竞争力的新品，摩托罗拉在市场上变得无从防守，只能靠不断压缩 RAZR 的盈利空间来求得生存，RAZR 的利润率从 2006 年第三季度的 11.9％猛降到了第四季度的 4.4％*，且第四季度净利润同比下滑了 48％，状如雪崩。[1] 摩托罗拉 RAZR，昔日艳惊四座的科技先锋，不足两载便沦落到了日用品的地步。这个案例充分说明，企业一定要着意投入资源到投资组合的机遇区域中去，制定平衡的发展战略，否则必将自尝苦果。

拿苹果公司来作个比较。iPod 造就了苹果，就如 RAZR 造就了摩托罗拉。不同的是，苹果把从 iPod（例如，Nano）核心强化项目中获得的现金流投入新一代消费产品的研发中，带来了 iPhone 的火爆出炉，

---

* 原文有误，译者有所更正。原文为从 2006 年第三季度的 11.9％下降到了 2007 年第四季度的 4.4％，但根据摩托罗拉相关财报及业界新闻，4.4％的利润率指的是 2006 年第四季度。后文的 48％的净利润下滑亦是就 2006 年第四季度而言。——译者注

〔1〕 Cheng, Roger and Yuan, Li, "Motorola's Strategy to Get an Overhaul", *The Wall Street Journal*, January 20, 2007.

并以此拥有了看涨机遇。只有持续拥有投资组合机遇区域内的投资项目及产品，企业才不会偏离增长的轨迹。如果苹果无法维持新项目和新产品的持续上市，那同样会陷入大麻烦。

我们可以把企业的项目投资组合形象地比拟为机遇阶梯，如图5—2所示。有的项目归属于左上方的长线机遇区域，其净现值为负，但是包含非常可观的机遇价值；有的项目归属于新市场或新产品机遇区域，可能产生一些正的净现值，同时机遇价值也不容小觑。前景看好的长线机遇项目会向下移动到新产品和新市场机遇区域（具体哪个方向由发展过程当中主要的不确定性的来源决定）。在检查点上的表现未能达到预期的项目将会被取消。由此，投资组合机遇区域内的项目数量通常应该比增长轨迹区域内的项目数量要多。

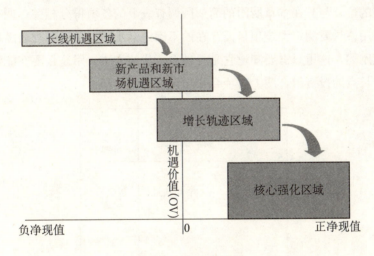

图 5—2　机遇阶梯图

如何运用能够开发增长点的投资组合 ▶▶▶ ⋯⋯⋯⋯⋯⋯

创建能够开发增长点的投资组合旨在为战略企划过程提供辅助。例如，某公司可以根据投资组合情况在公司层面分配资源，而不是淹没在各类项目之中不知所措。紧接着，不同的业务线会根据其特定的战略任务在本投资区域内进行资源再分配。比如核心业务部门比较看重收入和现金流，所以它会以在提高速度和质量的同时降低成本为己任。这样，它的投资自然会集中在核心强化区域，有时会涉及增长轨迹区域。而有的部门面对的是高速发展的市场，回报率相对核心业务来说要高不少，那么向新产品和新市场机遇区域投以重金就不失为良策。

如图5—3所示，我们在能够开发增长点的投资组合图的横纵轴标上了数字，标注的依据是项目发展过程中的不确定性情况。这些数字只是一般化表述，企业应该对其进行量身剪裁，以反映出自身情况特点以及对不确定性和风险的耐受程度。为此我们将提供一些基本的指导原则，详见本章末尾的附录。我们更推荐由各企业制定属于自己的测度标准，比如删除附录中的与本企业不相关的问题，同时补充一些相关的重要问题。坐标轴上刻度数的增加表示不确定性的不断增加，而一个项目所处的位置与其在本章所附的简要版调查表上的各项得分相关；调查表的作用就是要测定围绕项目而存在的不确定性水平。关于调查表随后会详细阐述，这里只需要知道它是一种系统化的方法，用途是要在能够开发增长点的投资组合图上对项目作出定位。

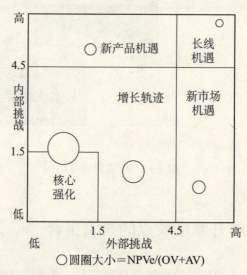

图5—3 能够开发增长点的投资组合图

在投资组合图上，我们用圆圈来表示一个项目，圆圈的大小取决于该项目价值的要素值的比例水平。换言之，代表某个项目的圆圈的大小的决定因素是经过开发的净现值与机遇价值和清算价值之和的比率。这是对该机遇的"密度比率"的衡量，是实实在在的净现值与比较缥缈的机遇价值和清算价值之和的比率。在项目包含高不确定性性时，净现值可能为负，该项目的圆圈就以灰色表示，而不是白色。在项目初期，净现值通常比较小且不确定性较高，所以机遇价值和清算价值较大，因此该比率的得数较小，从而用以代表该项目的圆圈就小。所以，代表项目的圆圈越大越好。用这样的方法就可以为项目作出图形描述，便于比较直观地分析应该向何处投入资源。

如前所述，代表项目的圆圈大则意味着净现值远远超出机遇价值，通常我们都希望这样。也就是说，该项目令人充满信心，我们很乐意看到该项目处于增长轨迹区域。处在投资组合外围的机遇区域内的项目，常常不会有那么多的信心相随，所以它们的圆圈会比增长轨迹区域项目的圆圈小，自然也就更比核心强化区域项目的小。这就为经理们提供了一个简洁直观的视觉参考，因为在为项目投入资金的同时，随着项目的进展，在投资组合图上代表项目的圆圈也应该增大。如果实际上没有出现这样的变化，那就要考虑是否要对该项目进行进一步投资——该项目可以被重新定位，或者直接被叫停，这样就可以进行资源再分配，对那些发展顺利的项目进行资源投入。同理，随着项目的进展，其在组合投资图中所处的位置也应该向左下角渐进移动。如果一个项目产生的净现值为零，那么可以在投资组合图上以一个圆点来标注它的存在。

关于能够开发增长点的投资组合，我们需要完成的最后一个步骤是在每一个项目圆圈里写上代表该项目开发价值的数字。图5—4显示的是一个包含多个项目的能够开发增长点的投资组合，其中对项目A、B、C、D进行了相应标注。

首先我们来看项目A、项目B和项目C，假设它们的位置比较靠近。我们对项目A和项目B作个比较就可以看出，两者的开发价值数都是2，但是项目B的圆圈要大一些，这就意味着项目A比项目B的"密度比率"要大，即项目A的净现值比上机遇价值与清算价值之和的比率得数要大一些，因此项目A比项目B更值得关注。再来看项目B和项目C，它们的圆圈大小相同，但是项目C的开发价值数为10，这

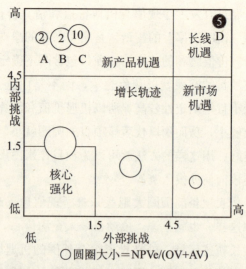

图5—4 能够开发增长点的投资组合图（续）

样项目 C 的优先级就应该远远高于项目 B。由此可见，将各个项目在投资组合图上进行定位，能够帮助我们判断出应该优先考虑哪个项目。现在我们再来看项目 D，该圆圈为黑色，表明经过开发净现值为负；圆圈里的数字 5，意味着它的开发价值主要来源于非常可观的机遇价值和清算价值，它们的存在大大弥补了负的净现值。这个项目是典型的长线机遇项目，在项目管理过程中要大刀阔斧地削减如果失败所需承受的代价，同时应当迅速地降低其不确定性。

最后，等你已经把相关项目都标注到投资组合图上，就可以开始思考项目的组合搭配问题了。比如短期的核心强化项目和增长轨迹项目是否平衡，能不能在短期内产生预期的现金流和利润增长；比如企业是否拥有充足的新产品和新市场机遇项目甚至长线机遇项目，来为企业的长期发展打造平台。

附录：在能够开发增长点的投资

组合图上对项目进行标注 ▶▶▶▶ ·······

这部分内容中的调查表基于麦格拉思和麦克米兰（McGrath and

MacMillan）的研究[1]，使用它的意图是要在投资组合图中对围绕项目而存在的内部和外部挑战加以量化。针对不同来源的不确定性有不同的调查表。在此我们会列出一些样本问题来帮助大家起步，但建议大家对这些问题加以改进，以切合企业实际甚至某个业务部门的实际。当一个团队熟悉了这个流程，他们会意识到其中有些问题与自己并不相关，而且会很自然地想出更好的主意。在评分的过程中，每个问题的权重是相同的，所以根据自身情况替换其中的一些问题，并不会改变项目在投资组合中的类别划分。如果你自己的团队认为需要回答的问题太多，那么可以删掉一些。因为最后的评分结果是一个平均数，所以问题的数量无论是多是少都是可行的。但是有一点要提请大家注意，同一组织内部的各个项目所使用的调查表应该具有一致性，这样才能有统一的标准来衡量应该如何对各个项目进行评估。

项目调查表应该由即将实际运作该项目的人员来填写，同时应该有职能部门的人员（如市场部、销售部、运营部和法律部等）从各自的视角给出见解，还可以邀请行业内的专业人士参与其中。每个问题的评分结果都应该取不同答案的平均值，并且将最高分和最低分予以列示，以便于进行项目分析。因为对这些问题的回答是基于主观推测，所以最后得出的结论不可能是对围绕某个项目的不确定性的精确写实；但这个过程对企业而言是非常有用的。首先，它提供了一个有所量化的统一标准，可以对企业投资组合内的各个增长项目进行定位，仅这一点就大有裨益。其次，它的结论通常会说明，为数不少的企业所采取的路线都过于保守，尽管其中有些可能还以激进者自居。

实践表明，企业内部的大多数项目都扎堆在投资组合图的左下角区域，即核心强化区域。这说明企业对于能刺激增长的新领域投入不足。从更深层次上来说，企业可以意识到自身的市场攻略过于保守。如果是这种情况，下一步就要决定在五大投资类型之中如何分配资源。这样可以敦促经理们去他们驾轻就熟的领域之外进行探索，找寻新的创意，在投资组合相对靠外的区域进行项目开发。有了这种考量，经理们可能就

---

[1] 这一理论援引正待取得原文作者及出版社的许可。R. G. McGrath and Ian MacMillan, *The Entrepreneurial Mindset*, Harvard Business School Press, 2000, pp. 174-175.

会把原本要为现有产品增加广告的资金投入到具有不确定性的项目中去。当然，如果经理们被要求进行新机遇的发掘，他们一定不会辜负期望，特别是在有机遇开发法护航、能找到安全港的情况下。投资组合的推论有一个必然要求，即分配给新产品机遇的投资不能挪给增长轨迹项目或是核心强化项目（虽然这两类项目备受宠爱）。当资源竞争发生在类似项目之间（如两个新产品项目），而非投资类别不同的项目之间（如新产品项目和核心强化项目），我们的结论就是要在相同类别中选择最优的项目。

使用调查表进行项目定位，还可以识别出围绕新项目的关键不确定性区域。笼统地说，如果一个项目被划分为新市场机遇项目，那么在运用机遇开发法的过程中，首先就要为该项目设计检查点，测试基于市场所作出的假设。待到顺利完成了对市场假设的测试，这个项目就可以被划归为增长轨迹项目，或者也可能为了解决内部不确定性而将其划归为新产品机遇项目。

■ 内部挑战

请回答下列问题并给出你的评分，分值区间为 1 至 5。1 代表最低水平的不确定性，5 代表最高水平的不确定性（见表 5—1）。

表 5—1　　　　　　　　　　　内部挑战项目调查表

	得分
1. 对该项目的关键不确定性进行识别	
2. 完成项目开发所需时间	
3. 对开发成本作出大致预算	
4. 可以自行开发或外部采购的项目所需知识产权	
5. 项目发展可以动用的资本	
6. 内部已经确认出了最优项目	
7. 该项目与企业战略的契合程度	
8. 企业相关部门对该项目的兴趣	
9. 可以获得所需技术	
10. 项目开发团队的凝聚力	
11. 有相应的生产能力	

续前表

	得分
12. 排挤现有产品的风险	
13. 物流需要	
14. 项目清算价值	
用总分除以 14，算出平均得分	

■ 外部挑战

请回答下列问题并给出你的评分，分值区间为 1 至 5。1 代表最低水平的不确定性，5 代表最高水平的不确定性（见表 5—2）。

表 5—2　　　　　　　　　　外部挑战项目调查表

	得分
1. 预计收入	
2. 预计利润率	
3. 分销渠道的支持	
4. 对路的销售联络关系	
5. 有现存的或正在形成的标准	
6. 认定竞争对手	
7. 预期的竞争反应	
8. 市场细分	
9. 市场准入	
10. 市场规模	
11. 产品周期的长短	
12. 产品属性，参照消费者立场	
13. 培训费用、服务费用和支持费用	
14. 监管事由	
用总分除以 14，算出平均得分	

第六章 在企业内部全面应用机遇开发理论

Unlocking
Opportunities
for Growth

在企业未来的经营成果会受到不确定性影响的情况下，机遇开发法都可以一展身手。机遇开发法对企业管理颇有助益，本章将择其主要领域进行探讨。

进行合资、获取许可和建立联盟 》》》》...........

进行合资、获取许可和建立联盟等商业联合活动都可以在真正意义上降低项目策略所面临的不确定性。例如，合资的合伙企业如果有现成的分销渠道和销售联络渠道，就可以迅速地把新产品推向市场，从而能通过节约时间和成本降低市场不确定性。从商业伙伴那里获取许可能很快获得所需技术，从而节约时间和成本，降低内部能力开发过程中的不确定性，使产品早日走向市场。建立企业联盟也有类似的作用，节约时间和成本，高速度、低成本地获得某项能力或使产品走向市场。

下面的案例旨在说明树立开发价值概念能够带来不菲的回报，因为它可以引导企业经理在合资的时候作出更好的决策。例如，我方与一家名为 CoreCo 的节能工业公司有合作，CoreCo 经营状况良好，并有意与我方建立合资公司。意图开拓的市场是一个政治不稳定的国家，但其中蕴涵大好的市场机遇。CoreCo 的加权平均资本成本是 9%，但是考虑到目标国家市场存在的政治性风险，首席财务官坚持认为管理团队要为该项目的资产成本增加 9% 的风险溢价，这样总的贴现率就高达 18%。众人都对这个项目充满热情，但令人失望的是，标准财务分析的结果表明其净现值为－8 万美元。就是说，这个项目对股东价值而言是不利的，所以就算数据勉强可以过关，也理应对它持否决态度。这与大家的直觉完全是背道而驰的，大家都觉得这是个非常不错的投资项目，能在目标地区打开局面、创造多种机遇。下面将通过开发价值求解软件，使用决策树的方法来为该项目估值。简明起见，我们继续使用经过简化的数据来进行说明；实际的分析过程要复杂得多。

对于这个合资项目（Joint Venture，JV）可能获得的收益，管理层设定了三种不同情况——良好、一般、较差，并对每种结果的回报都作出了估计。

合资项目总投资在 1 700 万～2 200 万美元之间，很可能性会是 2 000万美元（谈判还在进行之中）。

该合资项目的收入现值，预期要符合以下区间：

● 收益情况良好（估计有 80% 的可能性），则该项目的现值会在 1 200万～3 200 万美元之间，很可能是 3 000 万美元。

● 收益情况一般（假定有 15% 的可能性），则该项目的现值会在 300 万～1 500 万美元之间，很可能是 1 000 万美元。

● 收益情况较差（假定有 5% 的可能性会出现国内突发事件），则该项目的现值会在 50 万～500 万美元之间，很可能是 200 万美元。

因此，公司以 2 000 万美元的预计投入，可能取得的投资回报在 50 万～3 000 万美元之间。最糟能取得 50 万美元，这只有 5% 的几率，但毕竟有可能变成现实；最好能取得 3 000 万美元，这有 80% 的可能。这个区间很宽泛，算出来的净现值是略小于零的。按照惯例应当把数字抛开，跟着第六感走，对该项目进行投资。但这毕竟等于是在无视章程，恐怕会为过激的投资活动打开闸门。

基于以上的情况设定，我们使用 EVS 软件对该合资项目的价值进行了计算：

$$\underset{\text{价值（EV）}}{\text{开发}} = \underset{\text{净现值（NPVe）}}{\text{经过开发的}} + \underset{\text{价值（OV）}}{\text{机遇}} + \underset{\text{价值（AV）}}{\text{清算}}$$

NPVe＝－8 万美元

OV＝61 万美元

AV＝0

EV＝53 万美元

该项目的计算结果显然更倾向于支持管理层的投资直觉。机遇开发法在不对称的回报区间内捕捉到了项目的潜在价值。跟着感觉走的问题在于，如果同时有两个不确定性较高的投资项目，情况就不那么简单了，不是只须决定是否要做某件事，而是要在不同的事项之间进行选择。谁的直觉更有"决心"？除非你有办法将这些投资项目可能产生的结果进行排序，知道哪个项目起初纯属臆测，或者仅仅是政治活动的产物。如果要在三个潜在投资项目之间作出选择，那是不是就要靠投飞镖来决定花落谁家了？

而机遇开发法可以根据开发价值对每个项目的潜在机遇和潜在风险作出估计，引导经理们在三个投资项目之间作出最明智的选择。

提高复杂程度 ▶▶▶▶

下面为 CoreCo 案例增添一些波澜，提高其复杂程度。设想该合资项目开始运作之后，又出现了新一轮的投资机会。该合资项目起初是针对大客户，如果一期工厂进展得比较顺利，那么可以建造二期工厂，以较高的价格向高端客户提供质量上乘的产品。如果确定要建造二期工厂，将是在合资项目启动后的第三年，所需的追加投资为 300 万美元。对高端销售的预测显然蕴涵更大的风险，但是在以机遇开发法作为背景的情况下，可以从中搜寻价值。如图 6—1 所示，二期投资使可能获得的商业成果情况发生了改变。

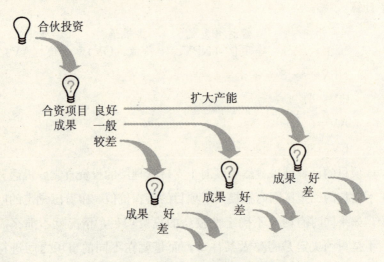

合伙投资

合资项目　良好　扩大产能
成果　一般
　　　较差

成果　好
　　差

成果　好
　　差

成果　好
　　差

图 6—1　CoreCo 合资项目的投资成果

管理层认为，这样的投资情况细分会产生以下三种情况：

1. 如果原始的投资项目成果良好，二期扩张可能产生以下两个结果：

如果二期项目成果很好——这种情况有 80％ 的可能，会产生 300 万美元到 800 万美元的价值；最有可能的是 600 万美元，这指的是合资项目启动之后的第三年。

如果二期项目成果很差——这种情况有 20％ 的可能，会产生 100 万美元到 400 万美元的价值；最有可能的是 300 万美元，这指的是合资项目启动之后的第四年。

2. 思考过程类似，但出发点不同，这里原始的投资项目成果比较一般：

如果二期项目成果很好——这种情况有 70％ 的可能，会产生 200 万美元到 500 万美元的价值；最有可能的是 400 万美元，这指的是合资项目启动之后的第四年。

如果二期项目成果很差——这种情况有 30％ 的可能，会产生 100 万美元到 200 万美元的价值；最有可能的是 150 万美元。

3. 出发点是原始的投资项目成果较差，但想要通过增加产能维系该项目。这时成功的希望已经很渺茫，可能产生的结果如下：

如果二期项目成果很好——这种情况有 40％ 的可能，会产生 100 万～200 万美元的价值；最有可能的是 150 万美元。

如果二期项目成果很差——这种情况有 60％ 的可能，会产生 50 万～100 万美元的价值；最有可能的是 70 万美元。

把机遇开发法运用到这项投资上之后，项目团队发现了获得清算价值的可能，因为管理层估计，如果公司决定停止生产高端用户产品，能够以 100 万美元的价格（这也是假设数额）把二期产能建设的资产出售给另一家公司。由此可以看出为何清算价值理念对投资项目开发意义重大。清算价值可以推动经理们在创新的道路积极进取，减少不确定性投资当中的不利因素，无论是合资、并购，还是新产品的推广都是如此。

把合资项目的二期投资考虑进来以后，相关数据发生的变化如下：

$$EV=NPVe+OV+AV$$

$$NPVe=56 万美元$$

$$OV=38 万美元$$

$$AV=14 万美元$$

$$EV=107 万美元$$

开发价值几乎翻了一番，因为我们可以为二期项目所具备的新的选择权作出价值评估，并且发现了清算价值。开发价值求解软件为项目利好因素的评估提供了途径。

情景规划 ▶▶▶▶

含有不确定性的外部事件会对企业产生怎样的影响？为了对此作出评估，许多企业都会进行情景规划活动。所设计的情景包括对未来的不同预见，通常与外部偶发事件所能产生的不确定性的集合相关联。外部偶发事件可能涉及的方面很多，如产品、服务、技术、供应体系、法律法规，以及竞争对手，等等。虽然情景规划及其推论很重要，但是在某个情景逐渐成为现实的时候，它们并不能给出具体的行动指南，其中的困难在于信噪分离。当信号清晰到可以指示出哪个情景正在成为现实时，往往为时已晚、无可作为了。运用机遇开发法，可以设计出低成本的检查点，为判断情景的现实化提供信号。

设计检查点往往具有挑战性，但其意图在于鼓励项目人员进行思考，有哪些早期的指标可以预示情景的现实化？例如，为某项新产品的开发工作所设计的情景之一是，可能发生经济衰退，从而打乱该产品的市场进入计划。坐等美国商务部收集各地的销售数据、公布最新的GDP 增长率，再制定出一个有效的止损方案，恐怕绝非明智之举，因为反应太滞后了。信号已经变得清晰的时候就是它失去价值的时候，因为事态发展的自由度已经消失殆尽。我们可以换个角度，思考一下哪些因素会造成经济衰退，从而先人一步测知未来。人们普遍认为，高油价可以导致经济衰退，所以可以把目光从追踪各类经济活动转向追踪油价动态，以期先行获知可能产生的经济衰退的真实情形。机遇开发法可以在一定程度上发挥作用，因为它能促进经理们为了创造机遇价值或清算价值而预先制定应对计划。就能够开发增长点的投资组合来说，可以通过创造新市场机遇或新产品机遇，以冲抵高油价或其他原因对公司所能造成的负面影响。在第五章"创建能够开发增长点的投资组合"中我们讨论过通用 Volt 的案例，这是一个新产品机遇项目。如果油价走高，该项目可以实现价值最大化，因为它可以减缓通用的核心产品销售所遭受的影响，这样，它对通用来说就是很好的风险防范措施。

图 6—2 所显示的是，随着信号的加强，利用信息测知未来状况的能力会逐渐减弱。纵轴表示在情景的现实化过程中信号的强度变化；可以把它想成现实发生的概率。横轴代表时间，向右是未知转化为现实的过程。首先我们来看那条上扬的曲线，"信号强度曲线"。随着时间从初始点 $t-x$ 向右推移到 $t-1$（在这个时间点上，未来已转化为现实），这条曲线呈稳步上扬趋势。再来看呈下降趋势的曲线，它表示的是人们能对事态作出反应的自由度。你拥有的自由度越低，可以解释为你可以改变事态发展的能力越小。当你离冰山还有 20 英里远，有多条路线（自由度）可供你选择用以改变航向；当冰山近在船舷，那就没有自由度可言了。回到图 6—2 中的

时间点 $t-x$，信号强度曲线处在低位（这时冰山远在天边，几乎无法辨识），但是自由度曲线处在高位，即为了避开冰山可以采取的措施有很多种。而在时间点 $t-3$ 上，关于冰山及其位置的信息多了起来，但是认为改变事态发展的能力有所受限，自由度曲线下降就表示了这层意思。如果我们坐等冰山现形，自由度曲线就会落到低点，因为到那个时候，与冰山相撞已经不可避免了。

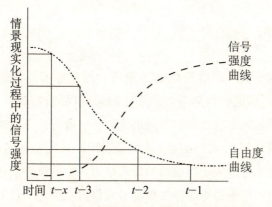

图 6—2　信息质量与信息有用性的对应关系

　　图 6—2 所包含的思想并不是最新成果，兰德公司（Rand Corporation）为美国军方所作的研究中有过相关阐述，但将其用于研究新机遇尚属首创。如果能清楚地认识到，我们从新趋势中获利的能力与发现这一趋势的时间早晚有直接联系，在项目过程中就可以设置检查点信号体系，以测知现实的走向。假设我们手头有一个对油价的敏感度非常高的项目，下面我们将以非常简化的例子来说明相关的思维过程。更复杂的情形也可以应用这个思维过程，但我们为了简明方便再次列举比较简单的案例：设想存在一个比较严重的担忧，中东石油供应可能完全中断。在这样的情形下，企业应该设置哪些检查点用来预警石油供应中断的实际发生呢？首先，列举出可能出现的前兆事件，在此基础上设置指示性风向标。例如，在时间点 $t-1$ 上的前兆事件可以是中东某国王室危机，那么我们可以为其在时间点 $t-2$ 上设置前兆风向标：其国内政局动荡不断升级。如果该风向标显示相关迹象趋于明显，那么企业就要对其他一些风向标也保持关注。在时间点 $t-1$ 上，另一个重要的风向标可以是，基地组织在某些

中东国家获得压倒性胜利。其在时间点 $t-2$ 上的前兆可能是中东某国备战级别的提升。（有读者已经陷入对石油供应前景的担忧了吗？）如果相关的风向标都显示迹象加强，那么企业最好尽快着手针对该情景制定出行动方略，根据机遇开发法的原则，以该情景的现实化为求索环境，着力创造看跌机遇或清算价值。

兼并和收购 >>>>

企业并购活动的成功率在 40% 左右（衡量标准是其为企业所创造的股东价值）。只把收购活动当成是在购买一项期权权利——"具有不确定性，但是希望能有很高的发展潜能"——这恐怕令人难以接受。我们怀疑，**协同效应**一词的滥用（甚至是误用）其实是在表达一种直觉：并购活动的价值肯定大于净现值的计算结果，它的潜在价值很大。在企业并购环境中，似乎很难想办法创造开发价值；但是一旦并购完成，除了向前迈进就没有别的选择。这是典型的非 0 即 1 的二进制思维，认为并购结果要么成功，要么失败。然而，在并购结束前，如果我们对不确定性的来源加以探索，想方设法缓和这些不确定性，那么就能找出可以创造附加价值的途径。我们发现，努力寻找其他通途的思维过程本身就很有裨益，可以使约定的并购条款对交易双方都更为有利。举个很明显的例子，企业收购过程中的惯例之一是以获利能力付款方案作为交易的基本框架。这样，收购价格就不是个确定值，因为最终的总价在一定程度上取决于并购所能创造的股东价值。通常，获利能力付款方案若能令买家满意，其创造的价值多少都会被能满足卖家需要的收购价格所抵消。使用开发价值求解软件很快就能计算出获利能力付款方案。

当收购方有权利而不是有义务对并购业务进行进一步投资时，也可以找机会创造开发价值。所以，最初的收购相当于为目标公司的业务扩张创造了一项看涨期权。那么为何不在新交易定价之前充分了解一下，值不值得行使这项扩张的权利？

开发价值的另一个来源通常为人们所忽视，即并购活动可能产生的清算价值。如果并购结果不如预期的那么成功，则可以考虑把它卖掉。拥有放弃的权利同样能创造价值，因为收购方有权利而不是有义务放弃该项投资，出售价格的所在区间相对自由，在收购之初就可以予以估算。在并购活动中如何创造清算价值，对这个问题的思考过程本身就能带来非常有价值的认知，对于选择被并购方、确定并购价格、进行并购谈判，以及成交之后的运营管理都会大有帮助。

在此以汇丰银行（HSBC）收购美国消费者金融集团 HI（Household International）为例来说明如何看待并购案例中的开发价值创造。HSBC 誉满全球，专注于资产管理业务；而 HI 是专门向信用记录不佳的个人消费者发放小额贷款的金融机构。相关人士都看得出两者有着鲜明对比。HSBC 为收购 HI 支付了 140 亿美元的价款，约相当于 HI 收益水平的 10 倍。投资者看不出两家公司之间有什么关联，特别是对收购价格感到困惑，因为这项交易所能产生的净现值并不具有吸引力，毕竟两家公司的战略定位截然不同。如果把折现率设为较低的 10%，并假设 HI 的利润在 10 年中都保持在 14 亿美元/年，则该项投资的净现值大约是负的 54 亿美元。（为简化起见，在这个计算过程中，默认的假定条件是在第 10 年之后该项目不再产生任何的年金价值。）显然 HSBC 对这起收购案例的前景有着别样的期待，因为它未来能带给 HSBC 的是一个全新领域的商业机遇。

投资者和分析者看不出在漂亮的资产负债表之外，HSBC 从这项交易中能得到多大好处；HI 的贷款成本会有所降低，但除此之外恐难有所贡献。两者面对的是截然不同的市场，因此 HI 对 HSBC 也不会有多大助益，而且人们还担心 HI 的加入会使 HSBC 的品牌形象受损。除了那些最明显的差异，两家公司在运营管理方面也是各行其道。据 HSBC 时任CEO 庞约翰（John Bond）所言[1]，HSBC 在抵押贷款评估过程中，仅使用五种数据节点来支持最终决策；而 HI 则使用其特有的、极为复杂的"人群及心理数据统计程序"来处理每一个贷款申请，每次都对两百多种行为数据节点进行评估。HI 使用这套程序，预先对一部分美国公

---

〔1〕 哈佛商学院案例："HSBC：The Household Acquisition"，2006。

民的贷款限额进行设定——HI 常常通过电子邮件直接联络这个人群并不断鼓励他们贷款。这样的两家公司，无论是在市场细分还是企业文化方面，都存在天壤之别。关于这起并购交易，施罗德所罗门美邦金融公司（Schroder Salomon Smith Barney）在 2002 年 12 月发表过一篇分析文章，它集合了一些典型的负面观点。分析者都对这起并购持有多种疑虑，下面列举其中三点：

1. HI 的加入会提高 HSBC 的信用敏感度。在欧洲银行中，目前HSBC 所面临的坏账风险最低，但是并购之后 HSBC 的坏账风险很可能就是最高的之一，这样 HSBC 的收益就容易出现波动。把 HI 的坏账吸纳进来以后，HSBC 要消耗掉 55％的利润；而并购之前的这一比重仅为 16％。

2. HI 的坏账核销在幅度较大的情况下，可以相当于 HSBC 2003 年整年的利润减去其在亚洲（中国香港除外）和南北美洲的利润。

3. 从 2000 年到 2003 年，HSBC 在美国的消费者贷款仅提高了4％，因为它很关注自身的债务水平。而在相同时期内，HI 把消费者贷款增加了 50％，达到了 1 070 亿美元。这与 HSBC 一贯谨慎放贷的作风格格不入，而行事谨慎恰恰是 HSBC 的投资者们对其颇为称道的地方。

这些财务方面的顾虑都是想要说明两家公司在系统合并和文化合并过程中将会困难重重。在这样的顾虑笼罩之下，预计投资者的合力会压低 HSBC 的价格利润比率，使其股价缩水。

但这并不是观察此番并购交易的唯一视角。我们或许能有效地规避并购风险、提升良性潜能呢？相信这也是 HSBC 高管层的考虑，虽然他们更多地是出于直觉，没有开发价值理念来得直观。

HSBC 高管层有其独到的考量。时任 CEO 的庞约翰看重的并不是HI 的美国业务（分析者矛头所指的其实是这部分业务），他意图借收购HI 的东风，将 HI 的消费者借贷经验应用到新兴的亚洲消费者信贷市场中去，比如中国市场和印度市场。设想一下，如果 HSBC 发行 10 亿张贷款额度为 200 美元的信用卡，那么加起来就有 2 000 亿美元的信贷规模，由此可以产生数以百亿计的净利润（具体要看利率的分布情况）。

这里存在一个问题，中欧、亚洲等发展中经济体没有美国 HI 所需要使用的消费者数据，且从来都不曾有过。在新兴市场中不存在任何信用评价体系，而且关于还款模式的信息也是少之又少。然而要是我们确实能够获得相关数据呢？当新兴市场的消费者数据变得可以企及，到那时再收购这家经验最老到的消费者信贷大鳄，要付出多大代价呢？当然，围绕这项交易的不确定性也不少。可能要花上很多年才能收集到类似于 HI 所使用的消费者数据（虽然匈牙利已经开始开展这项工作了）；而且，谁知道中欧和亚洲的消费者会不会对西方风格的信贷感兴趣？还有关于 HI 分析模型对其他市场的适用程度问题，如：

● HI 对美国消费者的行为模式有很深的了解，但这对于亚洲及其他地区消费者的适用度有多高？

● 新兴市场中债务融资方面，消费者兴趣如何？

● 针对信用卡发行及其利率设定会出台怎样的监管措施？

● 两家公司及其经理之间的文化磨合能否顺利完成？

以上都是些事关重大的问题，因为它们对这起并购的结果会有深远影响。

来看看机遇开发法怎样改变我们对这起并购的看法。收购 HI 所能带来的开发价值现在应该已经具备了下列熟悉的元素：EV＝NPVe＋OV＋AV，即开发价值＝经过开发的净现值＋机遇价值＋清算价值。问题在于在实际当中如何创造这些价值元素，使得风险与报酬相分离。

根据已经讲过的机遇开发"教理问答"，我们首先可以提出这个问题：在这个案例情景中，如何尽可能地开发净现值？对于这起并购的担忧基本都是围绕着藏匿于 HI 投资组合之中的风险，比如：

● 美国 2002 年的债务市场呈现过热状态，HI 的快速增长为其自身积聚了较高的不确定性。

● HI 客户细分的可靠程度为外界所质疑。

下面要讲的是如何运用机遇开发思维，对收购价值施加影响。

机遇开发方案一：分两个阶段进行收购。HI 的价值可能会在 140 亿美元上下有相当大的浮动，因为其损失准备金的变数较大。传统的现金流折现分析无法对此作出判断。想要使用现金流折现法捕捉变动性，得出经过开发的净现值，这需要对现金流状况有可靠的估计，并竭力设想在有好有坏的不同借贷环境下，每种可能所产生的商业后果的可能性，这谈何容易！但在这样的交易当中，其有可能是开发价值的构成部分，所以还是需要予以考虑。开发价值的基本设定是，HI 投资组合总价值的各种可能性是均等的，而开发价值会择取其中积极的结果予以评估。如果以固定的收购价格建立起分阶段的收购结构，就可以获得非对称回报，因为 HSBC 不是非得买断目标公司的所有权益不可。这样一来，就不必再对 HI 投资组合变数可能产生的负面结果多加考虑，因为 HSBC 已经不存在这个风险敞口了。

所以，开发净现值的途径之一是收购结构阶段化，这样可以控制 HSBC 所面临的负面风险——如果事实证明投资者的担忧颇有必要的话。HSBC 可以先收购少数权益，这样就算碰到最糟的情况也不会陷入高风险，从而大大降低了损失惨重的可能性。如果卖方对这种阶段化收购没有什么异议，双方协商的最终收购价格往往高于一次性收购的价格。产生这个溢价的根据是资金的时间价值，就是说买方要对卖方进行补偿，因为卖方在失去了部分权益的同时承担了机会成本——在第一次交易结束后没能将所有的销售收益都拿到手。问题在于，最终的溢价高低通常更多是受交易双方谈判技巧孰优孰劣的影响，而不是实际价值的高低；因为在收购目标包含高变动性的情况下，分阶段收购中的实际价值很难得到明确的界定。

机遇开发法可以帮这个大忙，为延期支付作出正确的价值计算。收购当中的开发价值计算可以帮助获知分阶段收购的做法能有多大价值，这样就能制定出谈判价格的上限。比如，HSBC 有意出价 30 亿美元来收购 HI 的 30% 的股权，并且有权利但无义务地可以在三年之内以 120 亿美元的价格收购其余部分股权。收购总价共计 150 亿美元，相当于为了延期支付最初确定的价款而愿意给出 10 亿美元的溢价。针对这个分两个阶段的案例使用开发价值求解软件，得出的在收购当中的开发价值情况如下：

$$NPVe = -61.6 \text{ 亿美元}$$
$$OV = 57.6 \text{ 亿美元}$$
$$AV = 7.4 \text{ 亿美元}$$

EV＝3.4亿美元

在这个简化案例中，分阶段收购在交易中所能产生的效用颇为明显。同时，对阶段化做法进行价值估量，益处也很显然——对于允许HSBC进行延期支付，HI的股东会索要溢价，而开发价值计算可以为该溢价设定上限值，即正式报价中的10亿美元的溢价加上分期收购所能创造出的3.4亿美元的附加价值。[1]

机遇开发方案二：确立收购价格的上限值。我们很清楚并购活动具有竞争性，延期支付总价款的策略并不总是能行得通。但这并不妨碍我们运用机遇开发评估法，充分考虑与HI坏账风险敞口变数相关联的不确定性，对买方可以支付的价格上限进行计算，避免陷入竞价大战，从而避免为此付出不合算的高价。没有这样的评估，价格上限的确定就只能根据臆测和自负，这可不是个吉利的组合。

机遇开发方案三：弃之而去的机遇。可供开发的另一个价值源泉是通过全部或部分放弃该收购项目来创造清算价值。如果HSBC将来对HI大失所望并决定把它卖掉，那时HI当然是会有残余价值的。这可以为收购创造清算价值，因为它能带来追逐这个残余价值的权利而非义务。因此，确定收购价格的时候应该把清算价值考虑进去。

假定谈判确定的价格约为HI收益的10倍，并假设HI的贷款损失大大糟于预期，或者新兴经济体的消费者对拥有信用卡的热情远远低于预期，就算在这样的情况下，HI的转售价值仍然是可观的，即使肯定达不到HSBC当初的购买价格。为了讨论方便，我们假设HI的价值跌到了8倍于收益的水平，而且由于HI美国部分的贷款组合损失严重，收益由起初的14亿美元缩水为10亿美元。我们当然会对此感到遗憾，HI的价值随之从140亿美元的购买价格跌到了80亿美元。对这件事情可以有两种不同的看法。传统观点会认为这意味着HSBC可

---

　　〔1〕分阶段收购可以使机遇价值最大化——若买方有权利但无义务在未来某个时间以预先确定的价格购买目标公司的其余部分股份。如果未来的购买价格不是固定的，而是目标公司盈利状况的一个倍数水平，这样也可以创造出机遇价值，但是会有所减少，因为收购价格会跟着价值企高。应对举措之一是延长买方必须完成收购的时间限制。时间越长，选择延迟收购的价值就越突出。其原因很显然，它给予买方更多的时间去评估市场状况，而且无须面临风险。

能承受的最大损失为60亿美元。但是，这涉及的是残余价值，并不是清算价值。清算价值可以增加目标公司的价值，因为它代表的是事先就已取得的可以放弃该投资的选择权。这么说吧，假设收购目标A和B其他方面的情况都完全相同，唯一不同的是如果A运营失败，你可以拿它卖得1 000万美元；而B一旦运营失败，你连一个铜板都捞不着。这两个收购目标你会对哪个出价较高？所以说，清算价值能够增加收购目标的价值。在这里我们要说明的是，残余价值不具有增加价值的效果。残余价值能够使失败的成本有所降低，但是它和清算价值是有区别的，清算价值的来源是拥有取得残余价值的选择权。[1]

再回到我们的案例当中，机遇开发法会很看重HI专业经验的潜在应用，即在未来几十年里向新兴市场推广经验，这是HI业务扩张的一个备选方案。庞约翰论及此事时说，这才是HSBC收购HI的真正目的所在（HSBC收购和投资HI的成交价是140亿美元）。其中的挑战在于怎样为该计划设计信号系统，以获知这个收购项目在新兴市场方面是否正在既定轨道上运行。早期信号很可能来自对匈牙利消费信贷市场进行假设测试的结果。机遇开发法要求对有关匈牙利消费者行为的假设频繁地进行测试，拿假设数据和实际数据作比照，以确认管理层的假设是否都能如期实现。如果匈牙利的情况不理想，那么在中国和印度能否顺利运行就很成问题。照我们看来，在匈牙利遭遇失败将是很重大的信号，预示着我们应该严肃地讨论一个问题：出售HI，以期至少能获得清算价值。

HSBC及其能够开发增长点的投资组合

收购HI是个很有代表性的案例，启发我们在收购当中如何去为能够开发增长点的投资组合设计和创造形式多样的机遇开发项目（能够开发增长点的投资组合已经在第五章进行了讨论）。该投资组合包括五个

---

〔1〕 如果这里的叙述有晦涩之嫌，那我们再来举一个金融市场中的例子。如果我们拥有某只股票的股权，我们可以很轻易地把它卖掉，但是这样的能力并不能提升你的股权价值，除非其价格上涨超过了成本，这个例子很简单。现在假设我们拥有一项与这些股权相关的期权，即我们有权利但无义务在未来某个时间以购入价格卖掉这些股权。即使股票价格没有发生变化，这项期权也是有价值的，因为它能保护我们远离股价下跌的风险敞口，因为我们有权以购入价格卖出这些股权。

大类，HI 项目可以被开发成其中的任何一个类别。

1. HI 美国业务的相关知识产权，可以被看做 HSBC 新产品机遇的丰富资源。

2. 将 HI 的专业经验推广到亚洲市场是一种可能，它意味着会有大量的长线机遇，因为存在开发和获取相关数据库的需要，而亚洲市场在不确定性较高的同时蕴涵巨大的潜能。

3. HSBC 在拓展现有的核心信贷业务的过程中，可以考虑把中等收入者的贷款申请交给 HI 处理，而不是直接回绝。这对 HSBC 来说代表着新的市场，所以可以将其划分为新市场机遇。

4. 如果收购完成后两家公司能成功地融合，就代表着增长轨迹机遇，因为它使得 HSBC 拥有了将其能力延伸到新的领域的潜能。

5. 最后一点，HI 有一套复杂的信贷办法，HSBC 的分支系统可以将其进行消化吸收，这就为核心强化机遇提供了丰富的来源。

一般来说，收购项目在可以开发增长点的投资组合中可以触及的机遇种类越多，它作为战略投资的价值就越大。

进入新市场 ▶▶▶

阅读到这里，认为进入新市场可以创造可观的开发价值，这个理念不会让你感到惊讶了吧。每个新市场都包含不确定性，涉及的基本问题有产品的市场需求、产品的价格、产品市场需求的增长率、分销渠道和客服要求等。机遇开发法就是要培养经理们欣然面对不确定性，在市场进入方略的设计上要考虑到早期信号的获取，以确认最初的假设是否仍然有效。

再来看一个服务行业的例子。2000 年，UPS 想要抓住市场全球化所创造的前景广阔的包裹递送机遇，进行业务扩张。UPS 进入了一个新的市场——"内包"市场。UPS 被邀请进入企业内部为双方创造价值，这是一种新的合作模式。在与耐克的合作过程中，UPS 负责处理耐克网上订购业务的存货和仓储。这类订购其实是由 UPS 员工负责处理的，包括订单接受、订单支付，以及从 UPS 在肯塔基的仓库中分拣、包装和运送耐克的鞋子。[1] 在拉丁美洲和欧洲，UPS 也有新市场机遇，它开始为传统的包裹运送客户提供延伸服务，比如它会派自己的服务人员上门维修惠普打印机。尝到了甜头的 UPS 开始为客户提供整套的物流服务，并拿出 10 亿美元投资于物流公司收购项目。它甚至能够为福特运送汽车，通过重新设计整个运输路线的系统安排，把运送时间从原来的四周之内缩短到了平均十天的水平。[2] 问题是传统的财务指标根本无法对这些新市场机遇作出评估，因为高不确定性的存在总是会使得算出的净现值为零甚至更糟，这就导致出现了"错误的否定"（投资折现值乍一算是负数）。凭直觉，这些市场拓展当属明智之举，而且我们确信 UPS 是在小心翼翼地对一个公司开展试验性服务，然后再把成功的经验推广到其他客户当中去。如果 UPS 同时有若干个可供探索的市场，那就需要寻求途径对财务回报状况分别进行预测，确定出市场开发的优先级。在此，机遇开发法就能大展身手了，它提供了一套很好的市场选择分析方法。

重大合同谈判领域的机遇开发 ≫≫≫ ⋯⋯⋯⋯⋯⋯⋯⋯⋯⋯

一份合同中的条款，只要能够为一方的未来创造灵活性或降低灵活程度，就极有可能具有期权价值。想一想，如果你能从这些条款中看到价值而你的对手却不能，那你就拥有了很大的谈判优势。

合同通常会允许买方在以后某个时间内购买更多的产品，价格与最初的合同价格一样。这对于卖方来说当然是好事，除非到那时由于成本增加或产品稀缺，引起开放市场中的现货价格出现大幅提升。设想某航运公司向其客户承诺，可以满足多于合同规定的仓位需求。机遇开发思维能带来的重要改变是使得该公司意识到，额外的运输量可以被作为基本合同的附加部分，分开进行价值估测。

反之同理，当某人公司打算"销售"某项选择权，放弃某些能力，

---

〔1〕 Thomas L. Friedman, *The World is Flat*, New York: Farrar, Straus Gutman, 2006, p. 169.

〔2〕 同上，p. 173。

我们的理念也是适用的。在商业房地产领域，地产商有时会同意合同中有相应的条款、允许租户在承租期满后继续租用。这是个惯例，而且通常会协商在新的租期内提高租金，以补偿业主的成本增加。这样的条款其实具有期权的性质，可以被估价，因为租户不承担继续租下去的义务，但是在租户决定续租的情况下地产商不能不同意。如果商业地产的成本在基础租期内下降，租户就不会行使续租的权利，而是会选择租赁别处的租金较低的房产；或者租户极有可能为了争取减少租金而跟地产商进行谈判。相反地，如果商业地产的房租呈上涨趋势，租户就会更倾向于行使续租的权利。为这个选择权估值并不难，这就提供了把它推销给租户的机遇，把它作为基础租赁合同的附加条款。这样，地产商就为需要承担租金变化风险而求得了货币补偿。

还有一种合同条款，它允许买方提前退出合同。这为买家提供了放弃合同的选择权，所以实际上是一项看跌期权。继续以商业房地产为例，有的时候一些生意正处在高速增长期的租户希望能有权利但无义务提前终止合同，以备业主无法满足其增加了的租赁需求时所用。这对业主来说可不是件舒坦的事，但是该条款可以作为看跌期权而给予明确的价值估量，然后把它作为独立条款兜售给租户。为租户提供这样的灵活性，这就为业主吸引那些还不确定未来租赁需求的租户带来了很大的优势，同时也为业主提供了适当的风险补偿。

举个更突出的例子，空中客车公司（Airbus）为航空公司也提供类似的选择权，允许航空公司更改或取消飞机订单。[1] 飞机工业的产品交货期较长，到了交货的时候航空公司有可能并不想收货，因为也许乘客需求正处于周期性回落期，又或者它们想要另一种型号的飞机了。空中客车向这些航空公司出售可延迟提货的权利，可以做成这样的买卖是因为对于航空公司来说，这项期权的价格比维护闲置飞机的成本要低得多。

机遇开发法能起到给合同条款松绑的作用，即将其作为期权而给予明确的定价，进而对条款内容进行更改，以达到出售的目的。

这类期权能派上什么用场？把这个问题弄清楚，对谈判人员确定合

---

[1] Peter Coy, "Exploiting Uncertainty, The 'Real Options' Revolution in Decision Making", *Business Week*, June 7, 1999.

同条款价值来说非常有帮助，进而对谈判起到指导作用；这也就为经理们提供了衡量谈判人员工作效率的工具。

■ 产品研发

在研发项目中运用机遇开发法所能产生的非凡效力，在本书的各个案例中都有体现，所以此处不再对它进行深入阐述。这里我们希望说明的是，新产品和新流程开发过程中的无效率环节的出现，很多都是由于使用了错误的工具对高不确定性的研发投资项目进行选择、管理和评估的结果。单单使用净现值法无法对包含高不确定性的项目进行估值，因为没有合乎逻辑的估值方式，也没有现金流的时间分布，这样的出发点本身就很含糊。机遇开发法在制定研发提案方面的作用是对某些部分进行恰当的价值提升。把机遇开发的基本原则和探索式企划相结合，通常都会产生更为积极的投资决策，在控制好风险的同时提升良性潜能。

在践行机遇开发法的过程中使用开发价值求解软件，将在下一章中有详细阐述。它可以被用于框定费用额度，这在项目企划和项目管理方面都很有意义。举个例子，一项新的 IT 服务的研发支出预计在 7 万美元左右，该项目的回报还可以接受，但是管理层对研发支出的估计数额的信心并不充足。由此管理层希望获知应当为研发花多少钱。我们发现在实际当中我们的做法极为有用，因为总是会不断出现这样的问题：很难回答研发活动最终能否为企业创造价值，因为围绕预测存在太多的不确定性。我们的做法能帮助克服这些困难，因为我们的软件能接受不同结果，给出其分布情况，综合进行项目价值评估。

下面来看看它的作用方式。在这个例子中，我们只把研发预算作为变量，其他输入条件保持不变，如市场规模、时机选择、竞争者的反应情况、工厂设备成本和预计利润率等，专门来探究研发活动的支出限额问题。我们在模型中把先前估计的研发支出 7 万美元改为 20 万美元来进行运算，在保持其他条件不变的基础上再把输入值改为 40 万美元、60 万美元、80 万美元和最后的 100 万美元分别加以运算，结果如图 6—3 所示。

左侧的纵轴代表的是研发预算，由上升趋势明显的那条线来表示。右侧的纵轴代表的是开发价值。图中其他的线条分别表明了经过开发的

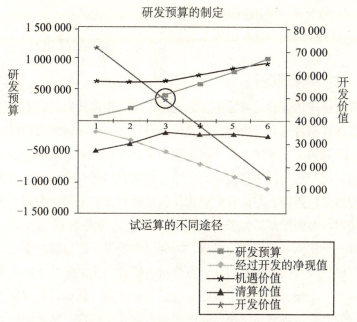

研发预算的制定

试运算的不同途径

- ━■━ 研发预算
- ━◆━ 经过开发的净现值
- ━★━ 机遇价值
- ━▲━ 清算价值
- ━✳━ 开发价值

图 6—3　把机遇开发法作为预算工具来运用（单位：美元）

净现值（NPVe）、机遇价值（OV）、清算价值（AV）以及开发价值（EV）的变化情况。随着研发支出的增加，经过开发的净现值不断减少，这是合理的，因为净现值等于预期的未来收入减去为产生这笔收入而作出的投资所得到的数值。因此，如果假设输入的所有条件都保持不变，则项目的净现值不变。现在我们增加了研发投资支出，净现值也随之发生了变化，因为我们从它里面扣减了一个不小的数额。从图中研发预算线和净现值线的分化趋势可以看出，两者之间存在近乎线性的关系。这说明了一个事实，传统的通向净现值的分析方法对处于初期阶段的项目往往帮不上什么忙，因为为了得出这个数字所要考虑的不确定性因素太多了。图 6—3 所揭示出来的道理在其他地方也适用。

在第三个迭代处（横轴上以数字 3 标示，即研发预算被设为 40 万美元时的情况），我们可以看到研发预算线和开发价值线的交叉点。这个交叉点标志着研发活动在合理范围内的支出限额。在这个点上，项目价值的各个要素值情况如下：

研发预算＝400 000 美元

NPVe＝－510 000 美元

OV＝650 000 美元

AV＝350 000 美元

EV＝490 000 美元

　　研发预算代表的是可能发生的实际损失，根据我们的观点，当研发预算线接近项目的开发价值线，就标志着得出了这项研发活动应该花费的开支的限额。在这样的点上，你相当于是在追求实际成本和潜在利润的平衡，我们认为这个平衡是个界限。如果我们正在为一家具有上述特征的公司提供咨询，那么我们的建议就是研发预算不得超出第二种试运算的情况，即研发预算等于 20 万美元，开发价值等于 60 万美元。两者之间有一个比例，这样更为稳妥，因为可以提供一定的缓冲余地。总的来说，项目的不确定性越高，开发价值和研发支出之间的比率就应该越大。对于一个项目的不同阶段而言也是同样道理。例如，根据新产品所能发掘的潜在市场规模情况，就不难确定建立工厂或分销系统所需支出的限额。

　　在结束这部分内容之前，我们觉得有必要对代表清算价值的那条线加以简要说明。我们可以看到，随着研发预算的增加，清算价值线稍有攀升。这并没有超出我们的预期，因为随着研发预算的增加，项目失败的可能性也在增加，而我们倾向于在项目一开始就找出其中所隐含的清算价值。于是，放弃项目所能获得的价值就有所增加了。

不确定性环境下的战略规划 ▶▶▶▶

　　我们实质上把战略规划看做呈现在企业面前的一系列选择。在其最基础的层面，战略规划建立在这样的预期之上：对最初采取的行动所能引起的市场反应和竞争反应的预期。然而，通常都很难确凿获知市场和竞争者的反应是否会和预期相一致，因为就战略而言它本身就包含大量的不确定性。这些不确定性可以被转化为期权价值——由机遇开发法捕获，再由传统的管理模式和评估工具予以打磨、抛光。这样的期权直接来源于竞争对手对该项战略所可能作出的反应的范围，其中有些反应对我方有利，有些则相反。运用机遇开发法的关键好处是，它使得经理们能够在利用决策树和概率分布的基础上为每种战略选择和预期的竞争反应作出价值估算，从而设计出最佳战略。因此，在找准最佳战略方面，机遇开发法提供了卓越的选择工具，它还能带来更为灵活的思维方式，引导战略家和经理们进行思考，针对每种可能的市场和竞争反应分别备有相应的应急备案；这正是机遇开发的属性所在。

下面来看一个在 20 世纪 90 年代的一场香烟大战中广受媒体关注的战略案例。1993 年 4 月 2 日（营销史上的"万宝路星期五"），烟草业巨头菲利普·莫里斯公司（Philip Morris）宣布降低其明星品牌万宝路在美国的售价，降幅高达 20％，同时大幅增加了广告开支。雷诺烟草公司（R. J. Reynolds）针锋相对，也在美国市场上大幅降低了产品售价，同时增加了广告投放。不出三个月，两家公司的市场份额就回到了各自原先的位置，不同的是产品价格都跌落了不少。菲利普·莫里斯大幅降价的结果只是以更低的利润空间拥有原先的市场份额，它为什么要这么做呢？其实菲利普·莫里斯的目标完全不在于美国市场，而在于东欧市场。东欧当时刚刚脱离苏联的控制，美国香烟正可以趁机而入；问题在于菲利普·莫里斯是这个派对的后到者，它不得不被动追赶处于领先地位的雷诺烟草。菲利普·莫里斯的战略选择可以是在东欧市场上与雷诺烟草正面交锋，或者也可以采取间接一些的办法，若能起作用其效果会比正面交锋更为明显。菲利普·莫里斯挥斧砍掉了万宝路售价的 20％，因为它相信雷诺烟草会为了维持其高端品牌云丝顿的市场份额而作出竞争回应。而雷诺烟草当时的现金流比较紧张，它必须在保卫美国市场和扩张东欧市场之间作出选择。菲利普·莫里斯断定雷诺烟草会选择在美国守护其云丝顿香烟，这样菲利普·莫里斯就能获得时间来振兴它领衔东欧市场的计划。在这个例子当中，我们可以清楚地看到战略选择的交互影响力。第一个选择点是雷诺烟草对其市场攻势会作何反应。雷诺烟草可以置之不理，这样的话菲利普·莫里斯就会损失一大笔钱，因为它在削减万宝路售价的同时提高了广告投入；另一种选择是立刻予以还击，这也就是雷诺烟草在实际当中所作出的选择。在这个商业案例中，菲利普·莫里斯所面临的不确定性包括雷诺的竞争反应、美国市场攻势所需持续的时间、进军东欧市场的成本和在东欧成功斩获市场份额的可能性，等等。如果不把这个战略看做一系列的选择，那还能怎么看待它？

非营利项目的运营管理 ▶▶▶

我们写作的这本书基本是面向营利组织的，因为我们的工作环境就是如此。而和一位正在参与政府资助项目的杰出科学家的讨论则提醒我们，机遇开发理念对促进非营利组织的有效管理来说同样具有重要的意义。这其中的关键问题是堆积如山的研究资助申请表和相对匮乏的拨款之间很难衔接。当研究人员向政府部门抑或非政府组织提出基金申请，他们通常都从头到尾地对项目加以规划，花掉所有能用于这个项目的钱，然后等着出结果。如果项目进展符合预期，研究人员就能获得有用的数据，这些数据有时甚至会影响立法，特别是在自然科学领域；如果项目进展不如愿，那就是花足了钱但收获寥寥。这很像私营领域的经理的做法，当然出纰漏的可能性通常要小一些。运用本书所提出的基本原则来推动研究项目更有效地运作，难道不是更好的选择吗？这些能够在私营领域帮助管理不确定性项目的基本原则在管理科学研究领域同样会奏效。这提示我们，罗列研究项目背后的假设并据此设计检查点来测试其真实性，将会大有益处，因为科学家们总是容易忽略掉那些不合乎他们信念体系的信息。为什么要任由一个令人失望的项目走完全过程、用掉所有的钱？完全可以考虑提前终止，从而能够把资源重新分配给更有前景的项目。我们知道这当中需要有思维的转变，无论是研究人员还是提供研究基金的组织——这些组织将允许一笔基金从一个项目转到另一个项目。我们也很清楚这样做可能会产生其他后果，但是我们希望机遇开发法可以帮助实现更高水平的效率优化。

在下一章中，我们将会详细论述如何进行项目评估，说明该如何诠释所得出的数字，以及如何使用开发价值求解软件来为项目置入更多的开发价值。

第七章

使用开发价值求解软件进行项目评估

Unlocking
Opportunities
for Growth

>>>

本章将要具体论述如何使用开发价值求解软件对项目价值进行评估。尽管我们确信价值评估的重要性亚于机遇开发思维的养成，但是当我们需要在若干个竞争性项目中作出选择时，进行价值评估还是很有帮助的，因为清楚项目的价值构成有利于我们从众多选择中挑选出最佳的投资方案。

当你拥有一个潜在投资项目的组合，不同项目的机遇价值和经过开发的净现值不同，那么你自然会对各种价值都比较高的项目予以集中关注。

开发价值求解软件还有其他应用。随着本章内容的展开，我们将对此进行论述，现在首先让我们来看一个最简单的应用案例（只是用机遇开发法的语言对项目进行了描述），并对它进行价值评估。

我们不打算详细阐述开发价值求解软件在实际使用中的细节问题，这在我们的在线教程中有很好的展示，网址是 www.oppengine.com。（这是一个专利软件，可以进行专利许可，它跟沃顿商学院出版社之间是不相关联的。）

我们照旧使用简化案例来说明其基本原理。这是一个研发项目，它在价值评估方面面临颇为艰巨的挑战。

研发项目案例 ▶▶▶

首先，我们要讨论的这个项目具备以下特征：

● 研发成本为 200 万美元，在研发检查点上的成功概率估计为 50%。

● 如果研发获得成功，公司会对拟推出的产品做市场测试，在市场测试检查点上的成功概率估计为 60%。

● 如果市场测试一切顺利，公司会进行专利申请。在专利申请检查点上的成功概率估计为 50%，获得专利需要三到四年时间。

● 在拿到专利之后，公司可以拿出 400 万～700 万美元用于建设制造工厂，预计成本最有可能为 450 万美元（公司从未建设过这类工厂），净利润情况会受竞争反应的影响。

如果公司在未能获得专利的情况下建立工厂和进入市场，没有专利的保护，竞争者很快就会拿出对策来回应，那么销售收入和市场份额很快就会遭到侵蚀。在这种情况下，净利润总额预计为 300 万美元，浮动范围在 200 万～400 万美元之间。

但若专利申请成功获得批准，管理层认为这样就可以有 10 年的时间不必深受竞争困扰，不必担心利润被侵蚀。这种情况下的净利润总额预计为 500 万美元，浮动范围在 200 万～850 万美元之间——这个项目的净利润的不确定性很高，良性潜能明显。

这里我们同样不会详细描述利用开发价值求解软件来建立项目模型的操作技巧，因为在线教程里有相应内容。

图 7—1 显示的是开发价值求解软件如何从该研发项目中提炼出一个事件树。

事件树图排列出了随着项目进展和检查点的推移，必须促成的事件所可能经过的不同路径。如果前一个检查点事件未能发生，则位于它后面的事件树分支都不会发生。

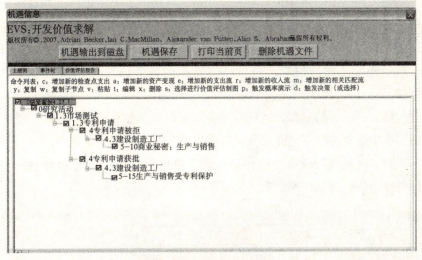

图7—1　基本的事件树

如图7—1所示，首先需要进行研发。只有在完成研发之后才能申请专利。接下来专利申请能不能通过就要看命运的安排了。如果没能获得批准，你可以选择无专利建厂，希望商业保密制度可以提供一定的保护；如果能幸运地拿到专利，就可以在产品销售受专利保护的情况下建立工厂和开展生产活动。在软件中可以输入相应的概率、数量、时间选择等，这些细节在我们的在线教程中都有演示。

我们称之为事件树，因为项目不是作为一套决策而是作为一系列事件的结果而予以展示。我们有意使它的外观看上去像决策树，因为很多经理都对决策树比较熟悉。但是事件树和决策树颇有不同，主要的不同之处如下：

首先，最重要的一点，它能引起经理们对项目开展过程中的所有可能发生的事件进行思索。在事件的发展路径上，它促使你站在检查点的必要结果角度考虑问题，这自然会立即触发以下思考：对这个路径进行开发，我们都能做些什么？

其次，它能引导经理们获知，在路径设计过程中保持选择的开放性和灵活度都是具有实际价值的，这样的价值应该受到保护，而不应该过早地把它们排除在选择之外。

再次，与上一条相关，它有助于避免被错误的决定论占上风这样一种可能。错误的决定论会带来压力，迫使企业选择唯一的发展线路，而这条线路的正确与否都还是未知数。创建事件树的过程本身就是为了引起对多种可能性的讨论，包括可能发生的事件以及可以使其发生的事件。

最后，这样的建模方式还能避免对不可知事件进行概率估计；要知道，在决策树方法下这是必须进行的工作，很多时候不免荒唐。

对事件树执行价值加以评估运算，得出图 7—2，这是项目初期规划阶段的价值评估情况。

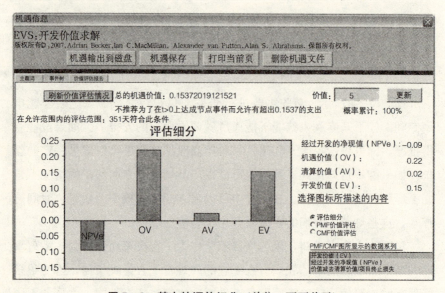

图 7—2　基本的评估细分（单位：百万美元）

图 7—2 显示了该软件如何将总价值予以分解，它是图 7—1 中的项目模型的项目价值元素一览表。

我们使用了 15% 的回报率，这是必须达到的指标。在此基础上，我们将关键数据都列在图右侧，每种价值元素最有可能的数值都以百万美元为单位列示：经过开发的净现值是－0.09，机遇价值是 0.22，清算价值是 0.02，这样最终的开发价值就是 0.15，即 15 万美元，主要来自机遇价值。开发价值求解软件在中间偏左的位置用柱形统计图表示这些价值元素情况。

这个项目经过开发的净现值是－9万美元，这样它在一开始就会被否决。但是，让我们对它进行机遇开发吧！在把这个项目拉出去枪毙之前，让我们来考虑一下还有哪些价值来源可以开发。

首先，如果我们"裸奔"，无专利建厂（放弃寻求专利保护的选择），在市场测试结果不错的情况下很快就能进入市场并开始产生净收入，这样做如何？总收入会因为竞争反应而有所下降，但是我们能提前三年拿到这些收入！

图7—3显示的是进行了修改之后的事件树。基本的图形结构没变，只是在市场测试之后添加了一个分支，即位置比较靠下的"建设制造工厂"，它的子分支是"商业秘密：生产与销售"，这些都是紧随市场测试之后的步骤。这一层给出了第一个开发性替代方案，即不去寻求和等待专利批准，而是在市场调研取得成功之后直接建造工厂、推出产品。

同样地，通过我们的软件，对项目设计方案及其事件树进行这样的更新只需要短短几分钟的时间。

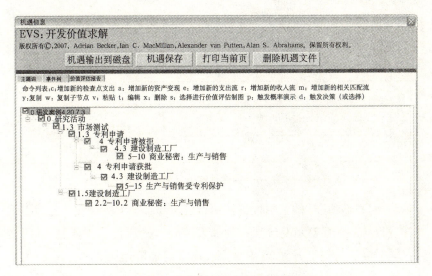

图7—3 事件树（包含无专利分支）

现在我们对这些图已经比较熟悉了，让我们更仔细地来看看图7—3吧。在事件树的每个命名分支前面，都有一个方框，方框中有对号。对号是指示软件在评估时要把这个打了对号的分支包含进去。如果把对号去掉，软件就会自动忽略这个没有打对号的分支及其子分支。因此，你（以及看你作演示的人员或者和你一起制定计划的人员）可以很清楚地看到当某个分支被"关掉"或者"打开"时，价值会随之发生怎样的变化。在讨论项目存在变数的过程中，会出现多个"如果是某种情况"的探讨；开发价值求解软件所具备的能力，为快速进行不同情况下的价值评估提供了便利。

图7—4说明的是，添加无专利建厂这一开发性替代方案，对价值评估有何影响。（同样地，用开发价值求解软件进行这样的运算，是数秒内即可完成的事情。）

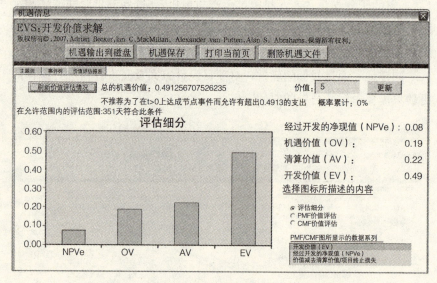

图7—4　对图7—3的评估细分（单位：百万美元）

为项目增加这样的灵活性，使项目价值起了很大的变化。经过开发的净现值从 -9 万美元变成现在的 8 万美元，机遇价值下降到 19 万美元，同时清算价值上升到 22 万美元。运算结果是开发价值达到 49 万美元，且经过开发的净现值为正数。这样一来，项目提案的吸引力就大得多了。

我们继续来对这个项目进行机遇开发。假设该团队给出了一个提议，从典型的制造型企业思维来看，这绝对是个另类的想法：如果在实验室的可行性研究取得成功之后，就卖掉研发得到的知识产权呢？这样甚至都不用费神去进行市场测试、申请专利以及建造工厂。这个另类的团队估计，出售知识产权可以带来 280 万美元到 380 万美元的资金流入，其中最有可能的售价是 300 万美元。

知识产权的售价是怎么得出的呢？回想一下，倘若在研发成功之后就进行出售，研发成本是 200 万美元，同时项目成功的可能是 50%。而现在，知识产权的购买方所面对的是已经被证明可行的技术成果，即成功的可能是 100%。如果双方对于知识产权的售价范围有异议，那不妨让开发价值求解软件来展现其魅力：给它输入变量，它能在数秒之内运算出具有说服力的相应售价区间。

图 7—5 显示了如何把这个新添加的机遇开发过程加入原有的事件树当中去；图 7—6 显示了开发价值求解软件在数秒之内即可得出的新的价值组成计算结果。

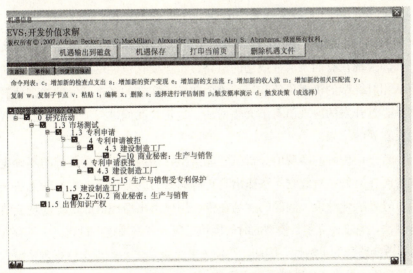

图 7—5　事件树（包含出售知识产权分支）

开发性地为该项目增加出售知识产权的灵活性之后，项目的开发价值现在达到了 61 万美元，经过开发的净现值则从先前的 8 万美元变成了 33 万美元，增加了不少。我们的投资开发策略带来了经过开发的净现值的增加，同时减少了对较难捕捉的机遇价值和清算价值的依赖。

为项目开发计划增加更多的灵活性（如出售知识产权或在没有专利

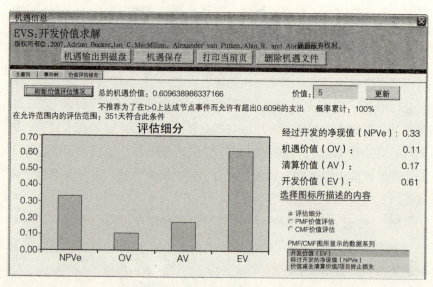

图7—6　评估细分：出售知识产权（单位：百万美元）

保护的情况下推出产品），其总体效果是项目获得成功的可能性得以提升，因为现在有四条通往成功的道路。价值变化也能反映出这一点，价值从相对缥缈的机遇价值和清算价值向较为实在的经过开发的净现值转移，经过开发的净现值有了大幅增加。这正是我们进行项目开发的时候想要看到的结果。

　　首先，传统的净现值分析虽然能给出评估数值，但是关键的不确定性隐匿在何处？对此它无法作出真正有洞察力的分析，自然也就无法为项目管理献计献策。问题的症结在于，用以得出净现值的传统的现金流折现法，它在建立项目模型的时候固执己见，就好像这个过程当中不存在可以改变路径的灵活性。因此，在输入变量确定之后，现金流折现法就仅仅是对所有可能产生的结果进行平均，从而计算出净现值。而我们则是设法利用灵活性，同时考虑四种而非一种可能的结果；而且，如果时不利我，那么无论项目处在哪个阶段，我们都可以对所有的后续投资作撤销处理。

　　其次，如果使用传统方法对多分支的决策树进行评估，很难得出有助于管理层决策的结论。试想要使用净现值法来为这个项目建立模型，考虑到有这么多输入变量的组合，恐怕能做的最多也就是运用蒙特卡罗模拟法对潜在利润的分布情况进行了解，然后对分布值的平均数进行折现，得出一个净现值的替身。

如果各位读者很想知道开发价值求解软件如何处理非常复杂的问题，请参见本章的最后一节。我们和某世界 500 强公司合作，帮助其对一个充满不确定性的项目进行定位和开发。该项目价值几十亿美元，采用阶段式投资的模式。本章的最后一节中将列示该项目的事件树的一部分内容。想要用净现值法对这个项目进行分析？别开玩笑了。纽约布鲁克林区人会告诉你说："得了吧！"*

对未来可能发生的事件进行评估 ❱❱❱

至此，我们都是站在时间轴的零点（即项目的初始阶段，还没有开始花钱）进行项目分析。利用开发价值求解软件，我们可以很容易地把自己投射到未来的某个时间点上，去探寻本会晚些才能获知的信息所能带来的影响。

例如，如果对研发活动进行投资且完成了市场测试之后，我们发现需要把预计收入调低 20%，那会如何呢？这个项目会彻底报销还是能过得下去？在还没有为研发活动花一分钱的时候就知道答案，岂不是更好？

这个问题不难考虑，我们只要把项目模型中的收入假设进行更改，再从市场测试之后的步骤开始对项目进行评估就可以了。图 7—7 显示的是相应的输出值结果。

图 7—7 中的评估细分柱形图比之前多了一个数据系列，即图中标示着 SC 的那个柱形，它代表的是项目到达这个位置时已经产生的沉没成本（Sunk Cost，SC）。就本案例而言，我们应该已经为研发活动投入了 200 万美元，外加一部分市场测试的资金投入（它在输出值中四舍五入被去掉了）。根据系统设定，开发价值求解软件会把沉没成本从开发价值中减除，最终得出的开发价值为 37 万美元。这就能大致说明，如果为研发活动进行投资并完成市场测试，即使预计收入会有 20% 的降

---

* 原文为 "Fugggeddaboundit！"，是 "Forget about it！" 的口语变体，这是纽约布鲁克林区的方言说法。——译者注

幅，我们也不会为继续执行项目计划、建立工厂而感到懊悔——在为研发活动进行投资之前，我们就对此了然于胸了。

在任何时间点上针对任何事件都可以进行类似的分析，为项目在未来所具有的价值给出尽可能全面的信息。除了提供很有帮助的灵敏度分析之外，这个过程还能迅速地对支撑项目经济流入的关键驱动因素加以确认。

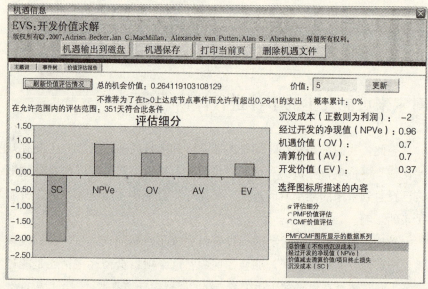

图7—7 "市场测试结果不佳"情况下的评估细分（单位：百万美元）

开发价值求解软件的其他功能 ▶▶▶

开发价值求解软件所给出的评估细分图在前面已经附图加以介绍。评估细分图对项目的价值组成进行了归纳显示，这其中的数据是预期值，或者很有可能会是结果。

而对于不确定性很高的投资项目来说，可能的结果是一个系列，不同的数值聚集在评估细分图中给出的最有可能的数值的周围。这时，你就要注意这个系列的范围区域。开发价值为4、范围为0～8的项目可能应该比开发价值为6而范围为－4～12的项目要更受青睐！你可能没有足够的现金储备来承受那个开发价值为－4的结果。

所以，除了评估细分报告中的数据以外，开发价值求解软件还为一个项目（或者项目下面主要的事件树）提供开发价值数值范围的信息。

开发价值的累积概率分布函数 ▶▶▶▶

为了让大家对可能的结果的系列数值有所了解，我们在图7—8中给出了累积概率分布函数（Cumulative Mass Function，CMF）的图，从另一个角度来分析开发价值。

图7—8与图7—6中的数据是一致的，不同的是图7—8中说明的是结果的概率分布情况。

在图7—8的累积概率图当中，可能的开发价值的系列数值沿着横轴予以标示，横轴的主要刻度单位是百万美元。所以，横轴上的数值1代表的是100万美元的开发价值。

每个价值的累积概率沿着纵轴予以列示。这样，图中纵轴即Y轴上的数字表示的就是项目价值比横轴即X轴价值低的概率分布情况。

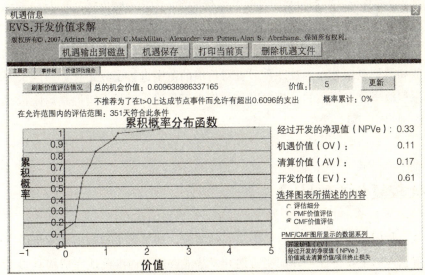

图7—8　累积概率图（单位：百万美元）

当X轴上的价值为1（代表的是开发价值为100万美元），设想通过这个点有一条垂线，在这个点的上方与图中的折线相交。设想有一条水平的直线通过这个交点，则这条直线与 Y 轴的交点在 0.9 附近，这意味着有 90％的可能，该项目会产生小于等于 100 万美元的收益。

现在来看看 X 轴上的价值为 0 的情况。通过这个点的垂线与图中的折线的交点在 Y 轴的 0.15 附近，意即有 15％的可能，项目收益会小于等于零，也就是产生损失。

然而，让我们来看一下折线的最左边的端点：其在水平轴上的价值是－0.11，出现这样的情况有 11％的可能。这说明最多会产生 11 万美元的损失，其可能性只有 11％。

最后来看折线的最右边的端点，它代表 500 万美元的价值，可能性是 100％。这说明你能获得的收益不会大于 500 万美元（小于 500 万美元的可能性是 100％）。

总的来说，累积概率分布函数图表明，虽然该项目的预计价值为 61 万美元，且有 15％的可能会产生损失，但是最多会损失 11 万美元，其可能性为 11％；最多可以赚得 500 万美元。

由此我们可以看出，该项目经过一番机遇开发之后，风险并不是非常高了。虽然潜在收益会小于零的可能有 30％，因为最糟也就会有 25 万美元的损失（包括了研发成本），而最理想情况下会获得 500 万美元的收益。

这里值得借鉴的是，务必要同时考虑最有可能获得的价值、开发价值和累积概率分布函数图，后者对价值的范围进行了界定。如果缺失了累积概率分布函数的分析角度，你就很容易陷入前景不错但是风险极高的项目中。

比较复杂的项目 ▶▶▶

我们之前选取的都是较为简明的案例，这是为了勾勒出开发价值求解软件的主要特征，并证明机遇开发法能够迅速而准确地完成极具参考价值的财务评估。

开发价值求解软件可以用来分析复杂得多的项目，这并非难事。图 7—9 所显示的是一个相当复杂的机遇开发财务模型的第一个页面。这个模型的设计包括多种产品、多个市场和多个合作伙伴，要在这样的情况下寻求最佳策略。我们只给出了第一个页面，这是出于保密性的考虑。整个模型有好几页，包括好几百行的条目输入。

我们希望你在阅读过这本书之后能获得这样的感知：在面对不确定性较高的投资项目时，我们并非无路可循。完全可以对风险和利润都比较高的项目进行机遇开发，将产生损失的风险控制在一个比较小的范围内。就算不使用开发价值求解软件来进行数据运算，机遇开发思维的形成本身就能产生极大的影响力，它可以改变你考虑各类投资的角度。

我们极力推荐你把机遇开发法应用到企业当中去，一睹它的实际效果。根据我们的经验，最稳妥的做法是先选择一两个不确定性较高的试验性项目，把机遇开发法和本书中的理念运用到项目管理中。注意，一定要使投资手笔和机遇开发的风险控制相协调。循此通途而进，相信你一定能斩获硕果！

要进一步了解开发价值求解软件，请登录我们的机遇开发网站www. oppengine. com 或直接通过电子邮箱联系我们，电子邮箱的地址是 alexvp@wharton. upenn. edu。

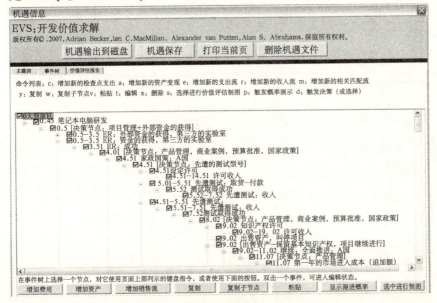

图7—9　较为复杂的项目构建模型

Unlocking
>>> Opportunities
for Growth

附录 开发价值求解
软件的理论
基础

阿德里安·贝克尔

■ 开发价值求解法的起源

近年来正逐渐发展的实物期权评估法已经成为以下两种工具的意外产物：

决策树分析法——对于我们所关注的有价值的机遇，可获取更多信息的时间点是不连续的。

金融期权评估法——在无套利假设和完备市场的假设下，我们会认为无须对现金流进行风险调整；且在金融市场中，在为标的资产建立模型的时候，其价值变化被当作是比较守规矩的随机过程，可以根据历史数据加以测定。

实物期权评估法的关键是充分肯定了这一事实：对某项期权的持有者所能获取的信息作出改变，从长期来看能够影响期权价值。因此对于任何期权评估模型而言，使用者能够获取更多信息的方式和时间都属于关键假设的范畴。在金融期权法下，信息获取模式的设定根据是资产价格遵循随机游走扩散模型以及会随时间发生变化；在决策树分析法下，所有信息的获取都被设定为内容明确但时间点不连续的过程。

■ 传统方法的弊端

以下是我们所识别出的传统方法的弊端：

● 对于实物期权的持有者来说，其所持有期权的价值在某个特定时刻能有一个概率分布，当然是再称心不过的事情；然而，信息获取怎样影响未来长时间内的价值分布，要对此进行陈述谈何容易，相关的陈述往往都是敷衍了事而已。例如，试想要为某只股票建立模型，以应用布莱克-斯科尔斯（Black-Scholes）期权定价模型；对股票价值的波动性进行描述毫无实际意义，自然也就没有什么基本假设能对模型的选择说出来个所以然。

● 决策树法下的模型构建工作比较冗赘，其复杂性是被倍数化了的。比如我们手头有四个项目，在三个不同的日期，针对每一个项目我们都能获得"涨"或者"跌"的信息，这样一来决策树就要有$(2^4)^3 = 4\ 096$个分支。在很多情况下，客户前来咨询的项目包含着数百个事件，不同项目长期内的不确定性各不相同，决策点也非常多，如果用决策树分析法来看，那将是不可能完成的任务。

■ 开发价值求解法的基础

我们的金融期权评估法的基础建立在简单的公认的道理之上：

实物期权的价值上限是"完备信息环境"下的情况。就是说，如果我们100％确知标的项目将会实现的价值，我们就总是能够作出最佳决策，不给可能性留有任何余地，规避所有负面因素，捕获正面因素。

实物期权的价值下限是"零信息环境"下的情况。如果我们将会获知的信息丝毫不多于我们现在已知的信息，那么对该机遇的价值所能作出的最佳估计，不过是把纳入考虑的每种可能的结果根据发生概率进行加权，再算出一个净现值。（借用"无套利假设"下的金融期权评估法的说法就是，"市场暗示着"一个适用的风险中立的概率分布模式。）

开发价值求解软件（EVS软件）使你能够参与思维判断对模型

进行校准，在两个价值上下限之间的区域内求索。使用者只须根据顺序输入所有事件（树形结构形式，这样可以显示出事件之间的依存关系和互斥关系——事件树）以及每个事件的概率情况（有些项目事件的时间序列比较复杂，为了便于操作，我们的软件里备有复制、粘贴、快速移动事件位置等工具）。为了探知上下限的所在，我们假设每一事件始终都独立地在一定的概率分布的随机游走路径上发展，且每个事件在成为现实的时候，其情况与概率分布相符。每条随机游走路径的发生速度都由软件使用者所输入的参变量加以控制，取决于软件使用者对事件的估计进行更新的频率。如此一来，在需要作出决策的时间点上，我们就知道自己在每条随机游走路径上的位置以及移动的速度，这样我们就能得出条件概率分布，评估出每个事件的实际价值（这代表着我们的知识增长）。运用求积法和动态编程技术，即便是一个很长的多选择链条，我们也可以在其模型下快速确定其价值。

开发价值求解软件的价值并不仅仅在于你所获得那个"数字"，即含有期权的机遇的价值评估结果。更重要的是，通过它你可以看到，一个价值链上的事件之间是如何相互关联、互相影响的。例如，所有的价值都被细分为经过开发的净现值（NPVe）、清算价值（AV）以及附加的机会价值（Added Opportunity Value，AOV），这样你就可以知道评估出的价值中有多少是来自所作出的假设，而这些假设是通过参变量输入被置入项目模型中。

开发价值求解软件还能给出价值的累积概率分布，这样你就不必依赖于定值估计（点估计）来作出决策。在完成项目评估之后，你还可以选择事件链条上的任一点去查看其价值分布，选择时间在后的某一点可以获知"如果项目发展到那一步，其价值情况如何"，选择时间在前的某一点可以获知"如果项目发展到那一步，成本费用几何"。

而且，运用开发价值求解软件，未来可以作出的每一种决策的可能性都在考虑范围之内，这样你就可以集中有效地进行资源配置，还能梳理清楚哪些事件的信息获取最有价值，应该予以高度关注。

参考书目

Adner, Ron and Levinthal, Daniel. "Demand Heterogeneity and Technology Evolution: Implications for Product and Process Innovation." *Management Science* 47:5 (2001).

Alessandri, Todd M., Ford, David N., Lauder, Diane M., Leggio, Karyl B. and Taylor, Marilyn. "Managing Risk and Uncertainty in Complex Capital Projects." *Quarterly Review of Economics and Finance* 44:5 (2004) 751–767.

Baden-Fuller, Charles, Dean, Allison, McNamara, Peter and Hilliard, Bill. "Raising the Returns to Venture Finance." *Journal of Business Venturing*, August 2005.

Barringer, Bruce R., Jones, Foard F. and Neubaum, Donald O. "A Quantitative Content Analysis of the Characteristics of Rapid-Growth Firms and Their Founders." *Journal of Business Venturing* 20:5 (2005) 663–687.

Beer, Michael and Hohria, Nitin. "Cracking the Code of Change." *Harvard Business Review*, May-June 2000.

Benner, Mary J. and Tushman, Michael L. "Exploitation, Exploration, and Process Management: The Productivity Dilemma Revisited." *Academy of Management Review* 28:2, April 2003, 0363–7425.

Bhattacharya, Mousumi and Wright, Patrick M. "Managing Human Assets in an Uncertain World: Applying Real Options Theory to HRM." *International Journal of Human Resource Management* 16:6 (2005): 929–948.

Bowman, Edward H. and Moskowitz, Gary T. "Real Options Analysis and Strategic Decision Making." *Organization Science*, 12:6, November-December 2001, 772–777.

Chakravorti, Bhaskar. "The New Rules for Bringing Innovation to Market." *Harvard Business Review*, March 2004.

Chen, Jiyao, Reilly, Richard R., and Lynn, Gary S. "The Impacts of Speed-to-Market on New Product Success: The Moderating Effects of Uncertainty." *IEEE Transactions on Engineering Management* 52:2, May 2005.

Christensen, Clayton M., Anthony, Scott D. and Roth, Erik A. *Seeing What's Next*. Boston: Harvard Business School Press, 2004 .

Clark, Matthew A., editor. *Mastering the Innovation Challenge Unleashing Growth and Creating Competitive Advantage*. Booz Allen Hamilton Inc. 2006.

Coy, Peter. "Exploiting Uncertainty: The 'Real-Options' Revolution in Decision-Making." *Business Week*, June 7, 1999.

Day, George S. and Schoemaker, Paul J. H. "Scanning the Periphery." *Harvard Business Review*, November 2005.

DiMasi, Joseph A., Hansen, Ronald W., and Grabowski, Henry G. "The Price of Innovation: New Estimates of Drug Development Costs." *Journal of Health Economics* 22 (2003) 151–185.

Fallon, Bernard V., Arcese, Anthony, and Hudson, Kisha. "Growth Restarts." Corporate Strategy Board (2003).

Fallows, James. "What do TiVo and the Mac Mini Have in Common?" *New York Times*, October 13, 2005.

Fichman, Robert G., Keil, Mark, and Tiwana, Amrit. "Beyond Valuation: Options Thinking in IT Project Management." *California Management Review* 47:2, Winter 2005.

Finkelstein, Sydney. *Why Smart Executives Fail*. New York: Penguin Group, 2003.

Ford, David N. and Sobek, Durward K. "Adapting Real Options to New Product Development by Modeling the Second Toyota Paradox." *IEEE Transactions on Engineering Management* 52:2, May 2005.

Foster, Richard and Kaplan, Sarah. *Creative Destruction*. New York: Currency Books, 2001.

Franklin, Carl. *Why Innovation Fails*. London: Spiro Press, 2003.

Ghoshal, Sumantra and Bartlett, Christopher A. "Changing the Role of Top Management: Beyond Structure to Processes." *Harvard Business Review*, January-February 1995.

Gilbert, Clark and Bower, Joseph L. "Disruptive Change: When Trying Harder Is Part of the Problem." *Harvard Business Review*, May 2002.

Gonzales, Laurence. *Deep Survival*. New York: W.W. Norton & Company, 2005.

Hindo, Brian. "At 3M, A Struggle Between Efficiency and Creativity." *Business Week*, June 11, 2007.

Kahneman, Daniel and Riepe, Mark W. "Aspects of Investor Psychology." *Journal of Portfolio Management* 24:4, Summer 1998.

Kenyon, Chris and Tompaidis, Stathis. "Real Options in Leasing: The Effect of Idle Time." *Operations Research* 49:5, September-October 2001, 675–689.

Kumar, M. V. Shyam. "The Value from Acquiring and Divesting a Joint Venture: A Real Options Approach." *Strategic Management Journal* 26 (2005) 321–331.

Kumar, Nirmalya. "Strategies to Fight Low Cost Rivals." *Harvard Business Review*, December 2006.

Laurie, Donald L., Doz, Yves L., and Sheer, Claude P. "Creating New Growth Platforms." *Harvard Business Review*, May, 2006.

Mackey, Jim and Välikangas, Liisa. "The Myth of Unbounded Growth." *MIT Sloan Management Review* 45:2, Winter 2004.

MacMillan, Ian C. and McGrath, Rita Gunther. "Discovering New Points of Differentiation." *Harvard Business Review*, July-August 1997.

Martin, Roger. "How Successful Leaders Think." *Harvard Business Review*, June, 2007.

McGrath, Rita G. and Boisot, Max. "Options Complexes: Going Beyond Real Options Reasoning." *E:CO* 7:2 (2005) 2–13.

McGrath, Rita Gunther. "Falling Forward: Real Options Reasoning and Entrepreneurial Failure." *Academy of Management Review* 24, January 1999.

Miller, Luke T. and Park, Chan S. "A Learning Real Options Framework with Application to Process Design and Capacity Planning." *Production and Operations Management*, Spring 2005, 5–20.

Nohria, Nitin, Joyce, William, and Roberson, Bruce. "What Really Works." *Harvard Business Review*, July 2003.

O'Connor, Gina Colarelli and Rice, Mark P. "Opportunity Recognition and Breakthrough Innovation in Large Established Firms." *California Management Review* 43:2, Winter 2001.

Pompe, Paul P. M. and Bilderbeek, Jan. "The Prediction of Bankruptcy of Small and Medium- Sized Industrial Firms." *Journal of Business Venturing* 20:6 (2005) 847–868.

Raynor, Michael E. *The Strategy Paradox*. New York: Currency Books, 2007.

Reurer, Jeffery J. and Tong, Tony W. "Real Options in International Joint Ventures." *Journal of Management* 3:3. June 2005, 403–423.

Sharma, Amol, Wingfield, Nick, and Yuan, Li. "How Steve Jobs Played Hardball in the iPhone Birth." *The Wall Street Journal*, January 17, 2007.

Silvert, Henry M. and Karpain, Greg. "Mid-Market CEO Challenge 2006." The Conference Board, 2006.

Smit, Han T. J. "Infrastructure Investment as a Real Options Game: The Case of European Airport Expansion." *Financial Management*, Winter 2003, 27–57.

Smith, James E. "Alternative Approaches for Solving Real-Options Problems." *Decision Analysis* 2:2, June 2005, 89–102.

Staw, Barry M. "The Escalation of Commitment to a Course of Action." *Academy of Management Review* 6:4 (1981) 577–587.

Staw, Barry M. and Epstein, Lisa D. "What Bandwagons Bring: Effects of Popular Management Techniques on Corporate Performance, Reputation, and CEO Pay." *Administrative Science Quarterly* 45:3, September 2000, 523.

Sutcliffe, Kathleen M. and Weber, Klaus. "The High Cost of Accurate Knowledge." *Harvard Business Review*, May 2003.

Tong, Tony W. and Reuer, Jeffrey J. "Firm and Industry Influences on the Value of Growth Options." *Strategic Organization* 4:1, 71–95.

Trigeorgis, Lenos. "Making Use of Real Options Simple: An Overview and Applications in Flexible / Modular Decision Making." *Engineering Economist* 50 (2005) 25–53.

Troy, Katherine. "Making Innovation Work, from Strategy to Practice." The Conference Board, 2006.

Zook, Chris. *Orchestrating Adjacency Moves: Strengthening the Core Versus Investing in Adjacencies*. Boston: Harvard Business School Press, 2006 .

"读好书吧"读书俱乐部

"答问题，得积分"活动

轻松注册，成为会员，享受"读好书吧"的会员优惠政策。读完《解锁增长机遇》，回答以下问题中的任意两个，就可以获得3分积分：

◇ 企业为什么会错失上佳的创新机遇？

◇ 如今大多数企业所使用的投资分析工具有哪些误导作用？

◇ 机遇开发理论的核心思想和精髓是什么？

◇ 如何运用机遇开发法为不确定性较高的项目移除风险？

◇ 为什么说"要么全面执行、要么不执行"的决策模式钳制了创新？

累积积分，就有机会享受针对会员的优惠政策。多多参与写书评的活动，还有机会成为我们的"书评之星"，获得意想不到的奖励！更多活动细则，参见网站说明：

http://www.crup.com.cn/djbooks

http://www.a-okbook.com

请将你的答案发送至：djbooks@crup.com.cn

《驾驭风险》

阿斯沃思·达莫达兰　著，时启亮　等译
出版时间：2010 年 9 月　定价：38 元（估）

在商业与投资领域，人们传统上都负面地看待风险：风险会带给投资者和公司资产损失，承担风险会受到惩罚。那就是为什么大多关于风险管理的书籍聚焦于严格地回避或转移风险。然而，企业与风险的关系是密不可分的。伟大的公司之所以伟大，很大程度上是因为它们发现并利用了风险，而不是因为它们回避了所有风险。

在本书中，享誉全球的财务金融先锋阿斯沃思·达莫达兰，系统地诠释了这一战略观念。他将帮助你区分有益的风险和无益的风险，告诉你如何利用前者而回避后者。他引入了强大的财务金融工具，用于对风险进行评估，并阐述了如何依靠一些规律来让这些工具变得更加有效。总之，本书将告诉你如何利用风险提升公司价值、取得更快的成长、获得更高的回报以及创造真正的竞争优势。

《公司的灵魂》

The Soul of the Corporation：How to Manage the Identity of Your Company

By Hamid Bouchikhi 等　孙颖　译
出版时间：2010 年 7 月　定价：29 元（估）

本书认为，公司形象好比公司的灵魂。我们正置身于一个崭新的形象时代之中。在这个时代里，员工、顾客、投资者以及其他利益相关者都对公司形象高度关注。更为重要的是，公司的形象与公司文化、企业战略、品牌定位等有密切的关系，并会对公司的业绩产生重要影响。如果战略决策与公司形象相悖，再好的战略也难以发挥作用。好的形象对于公司而言是一项极其重要的资产，差的形象则会成为公司的一项沉重负债。

书中选取了世界上许多著名公司的真实案例来说明如何管理公司形象，如何发挥公司形象的作用，如果利用公司形象创造出更长久的价值。本书还说明了公司在兼并收购、战略联合、分立剥离以及创新品牌等不同的情况下如何应对形象挑战。

除了丰富的案例外，本书还提出了"形象审计"这一概念，并辅之以问卷调查、培训设计等具体方法，为领导者塑造和管理公司形象提供了可操作性的指导。

《毁灭优秀公司的七宗罪》

杰格迪什·N·谢斯 著，仲理峰 董翔 周霓裳 译

出版时间：2010 年 10 月 定价：39 元

优秀的公司为什么会衰败？

你的公司也走向了相同的命运吗？你从何而知？你怎样改变航线？

通用、福特、AT&T、西尔斯、柯达

他们都曾盛极一时，成为卓越企业的代表，然而却走向失败。

为什么连卓越的企业都会崩溃？为什么优秀的企业都在重蹈着覆辙？怎样避免衰败宿命的罪与罚？

找出答案。为您的企业在黑暗中点亮灯火。赶在你摧毁自己之前，发现毁灭自己的致命习惯：自欺欺人、傲慢、自满、竞争力依赖、竞争近视、数量沉迷和领地守护，并将这些问题全部根除！

然后，让你的企业养成所需的好习惯，培养可持续盈利能力和市场领导地位。这本书会告诉你怎么做——从始至终，娓娓道来。

《重塑品牌的六大法则》

拉里·莱特 琼·基顿 著，吕熠 译

出版时间：2010 年 12 月 定价：36 元

是否拥有一个强有力的品牌是决定企业成败的关键，这种观念在现今社会尤其正确。本书不仅从一个独特的视角讲述了麦当劳如何成功地实现了品牌重塑，更重要的是它提出了六条非常有用的法则，适用于任何品牌的重塑。

本书展示了这样一个基本事实：品牌塑造源于对改变消费者欲求的理解。创造、发展、保持和加强消费者关系是品牌成功的关键。这本书对于那些相信品牌管理并且知道市场营销远大于做做广告的人来说是份礼物。书写得引人入胜，读起来很愉快。

拉里和琼为所有商业管理者提出了一套很好的指导原则——无论他们是在重建品牌，还是在确认现有品牌的表现。

毁灭优秀公司的七宗罪

杰格迪什·N·谢斯 著

中国人民大学出版社

重塑品牌的六大法则

拉里·莱特 琼·基顿 著

中国人民大学出版社

图书在版编目（CIP）数据

解锁增长机遇/范普滕，麦克米兰著；高蕾译.—北京：中国人民大学
出版社，2011
ISBN 978-7-300-13330-0

Ⅰ.①解… Ⅱ.①范…②麦…③高… Ⅲ.①企业管理 Ⅳ.①F270

中国版本图书馆 CIP 数据核字（2010）第 020500 号

解锁增长机遇——做好风险控制，从不确定性中获利
亚历山大·范普滕 伊恩·麦克米兰 著
高蕾 译
Jiesuo Zengzhang Jiyu

出版发行	中国人民大学出版社	
社 址	北京中关村大街 31 号	**邮政编码** 100080
电 话	010 - 62511242（总编室）	010 - 62511398（质管部）
	010 - 82501766（邮购部）	010 - 62514148（门市部）
	010 - 62515195（发行公司）	010 - 62515275（盗版举报）
网 址	http://www.crup.com.cn	
	http://www.ttrnet.com（人大教研网）	
经 销	新华书店	
印 刷	北京联兴盛业印刷股份有限公司	
规 格	165 mm×240 mm 16 开本	**版 次** 2011 年 4 月第 1 版
印 张	9 插页 1	**印 次** 2011 年 4 月第 1 次印刷
字 数	124 000	**定 价** 29.00 元